Diseño y Moda

Pulseras de la amistad con diseños y colores de moda

Trenzadas con hilos y adornadas con cuentas

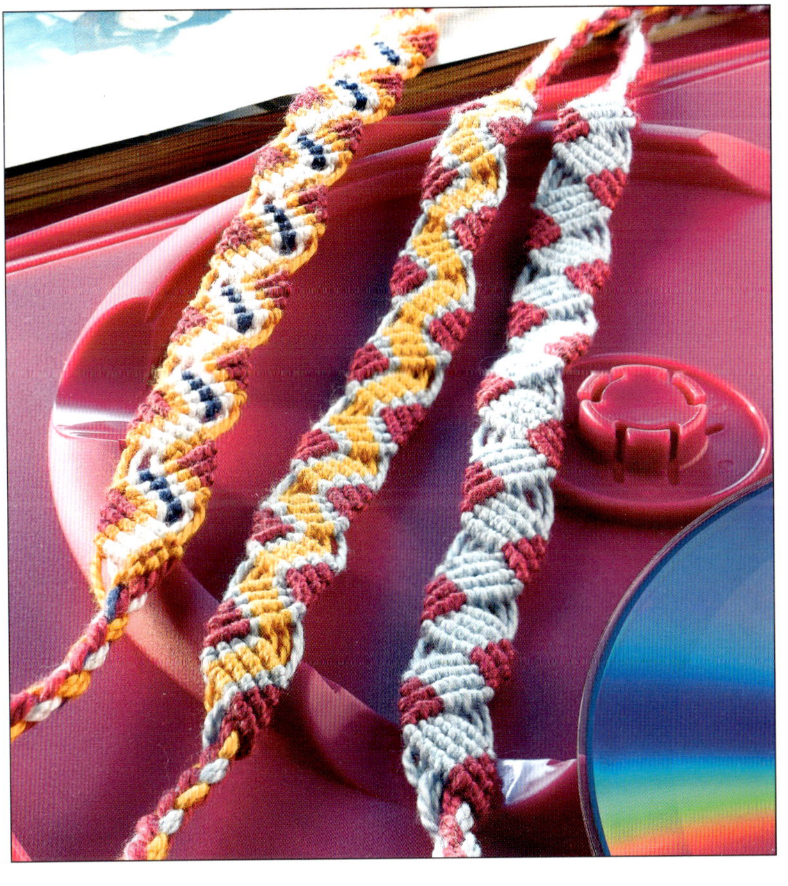

Inge Walz

DRAC

AGRADECIMIENTOS
A las firmas Rayher Hobby GmbH y Coats GmbH por facilitar los materiales de este libro.

Editora: Eva Domingo

Publicado por primera vez en Alemania por Frech-Verlag GmbH, bajo el título: *Freundschaftsbänder selbst geknüpft* de Inge Walz.

Marqués de Urquijo, 34. 28008 Madrid.
Tel: 91 559 98 32. Fax: 91 541 02 35.
E-mail: info@editorialeldrac.com
www.editorialeldrac.com

Fotografías: frechverlag GmbH, 70499 Stuttgart; Armin Täubner (páginas 2-7 y fotografía de la autora en la contraportada); lichtpunkt, Michael Ruder, Stuttgart (las demás fotografías)
Diseño de cubierta: José María Alcoceba
Traducción: Cristina Rodríguez
Revisión técnica: Inés Herrera

ISBN: 978-84-9874-190-2
Depósito legal: M-8.542-2011
Impreso en España por Punto Verde
Impreso en España – *Printed in Spain*

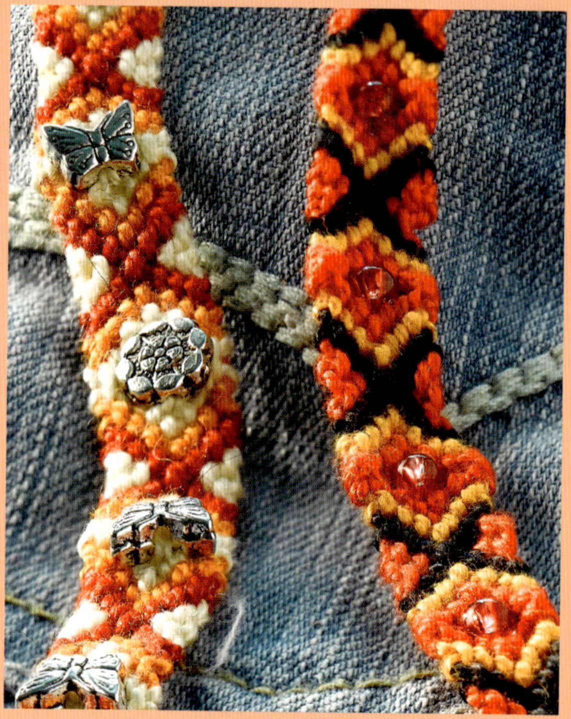

ÍNDICE

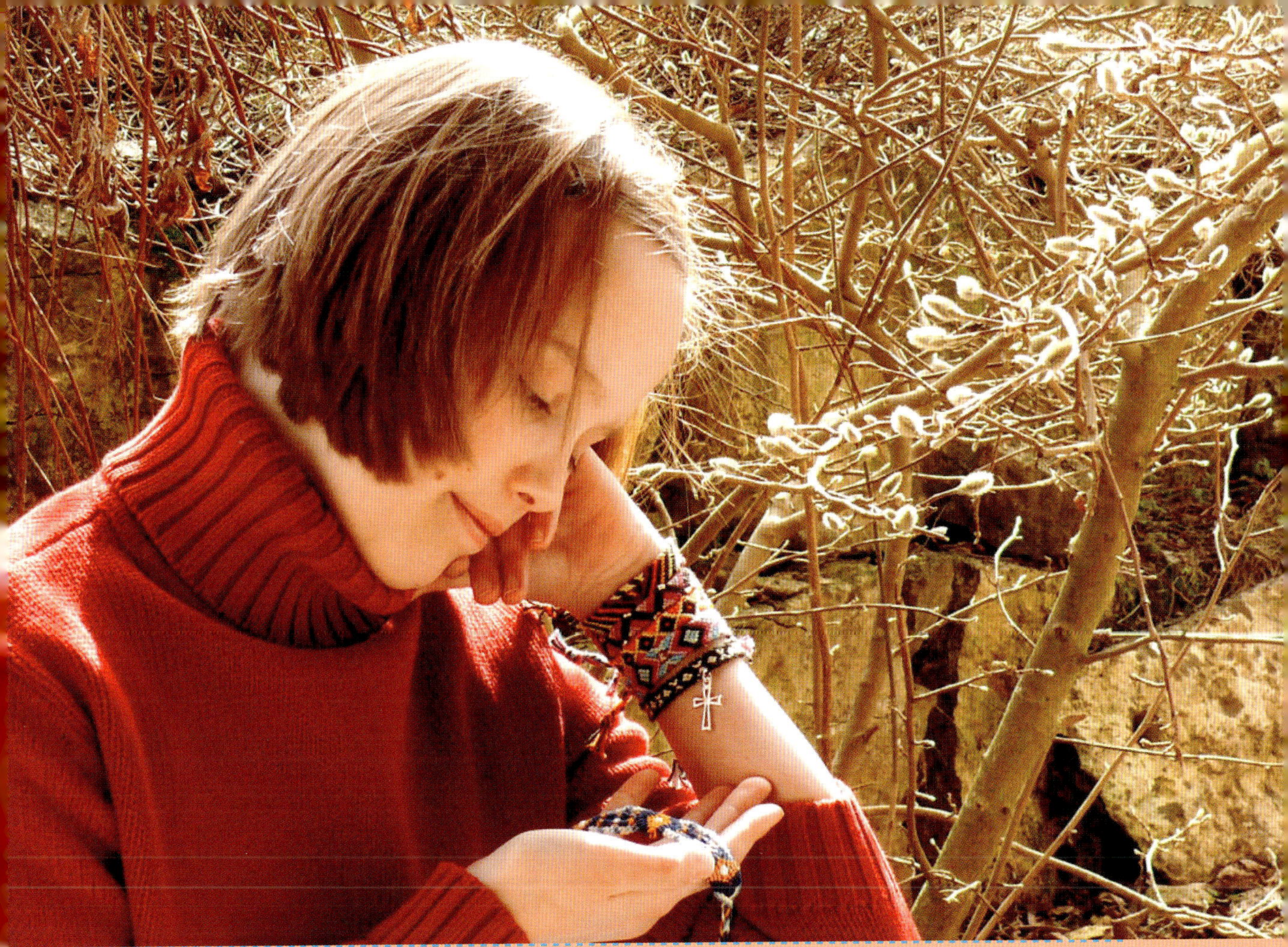

Antes era costumbre llevar atadas en la muñeca pulseras multicolores trenzadas por uno mismo o por los amigos, hasta que se rompía el hilo y se caían solas.

Hoy en día se tejen pulseras de la amistad con modernos accesorios a juego con la ropa, con muchas variaciones y combinaciones cromáticas. Mi sobrina Alisa, que aparece como modelo en esta fotografía, es una gran aficionada a estas variadas pulseras.

Los nudos realizados en este libro son muy sencillos. Cada nudo se compone de dos lazadas, que se trabajan con ayuda de un hilo soporte y un hilo anudador. Cada modelo puede cambiar dependiendo del color que se elija y al combinar diferentes diseños y colores.

Te deseo que disfrutes mucho tejiendo las pulseras y experimentando con nuevos diseños,

Inge Walz

Técnicas

Ordenar los hilos

La mayoría de los hilos se cortan con una longitud aproximada de 1,10 m. En caso de necesitarse hilos más largos, viene indicado en el texto. Todos los hilos se unen con un nudo (que después se deshace) a 12 cm de un extremo. Después, los hilos se distribuyen de izquierda a derecha siguiendo el orden indicado en cada caso (ver los gráficos de esta página) y se fijan, por ejemplo, con cinta adhesiva. Los hilos pueden fijarse también con imperdibles o cinta adhesiva sobre un cojín o en los pantalones vaqueros.

Nudos

Las pulseras se tejen siempre con dos hilos (un hilo anudador y un hilo de soporte). El hilo de soporte debe mantenerse siempre bien estirado hacia abajo. El hilo anudador queda siempre encima del hilo de soporte y marca el color del nudo. Cada nudo se compone de dos lazadas. Para conseguir un diseño de anudado uniforme, es recomendable dejar la primera lazada muy tirante y la segunda un poco más suelta. Si el hilo de soporte no se estira bien, cambia el color del nudo y se cuela un nudo del color del hilo de soporte. En ese caso, simplemente hay que deshacer el nudo equivocado con un alfiler sin punta, estirar bien el hilo de soporte y volver a anudar las dos lazadas.

Leyenda de nudos

⊖ Nudo-II (Nudo izq.-izq.)

⊕ Nudo-DD (Nudo der.-der.)

⊚ Nudo-ID (Nudo izq.-der.)

⊙ Nudo-DI (Nudo der.-izq.)

Nudo derecha-derecha (Nudo-DD)
En este tipo de nudo el hilo derecho es siempre el hilo de soporte. Éste se mantiene estirado hacia abajo con la mano izquierda. Con la otra mano y usando el hilo izquierdo como anudador, hacer dos lazadas hacia la derecha alrededor del hilo de soporte y tirar hacia arriba del hilo. Después, dejar colgando hacia abajo los dos hilos. Ahora el hilo anudador se sitúa a la derecha del hilo de soporte.

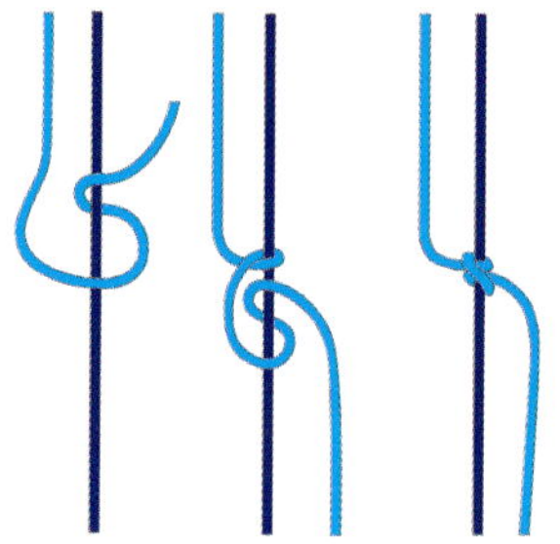

Nudo derecha-izquierda (Nudo-DI)
Con la mano izquierda, estirar el hilo derecho como hilo de soporte, y con la mano derecha y el hilo izquierdo como hilo anudador, realizar una lazada primero hacia la derecha alrededor del hilo de soporte, tirar bien del hilo y después realizar otra lazada hacia la izquierda, tirar hacia arriba del hilo y tensarlo un poquito menos.

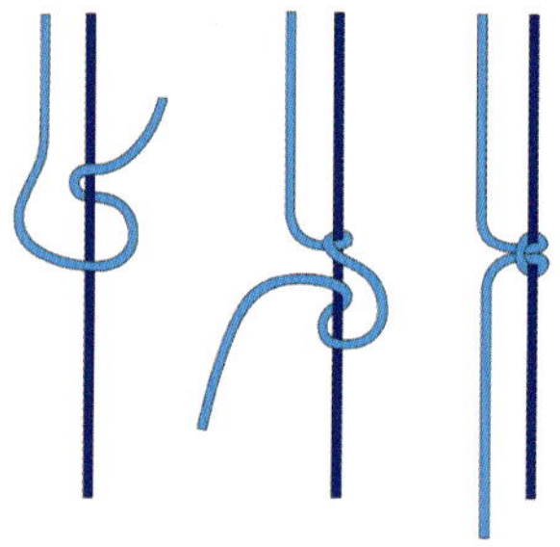

Nudo izquierda-izquierda (Nudo-II)
En este caso el hilo de soporte es siempre el hilo izquierdo. Éste se mantiene estirado hacia abajo con la mano derecha. Con la otra mano y el hilo derecho como hilo anudador, hacer dos lazadas seguidas hacia la izquierda alrededor del hilo de soporte y tirar hacia arriba del hilo. Después, volver a dejar los dos hilos colgando hacia abajo. Ahora el hilo anudador se sitúa a la izquierda del hilo de soporte.

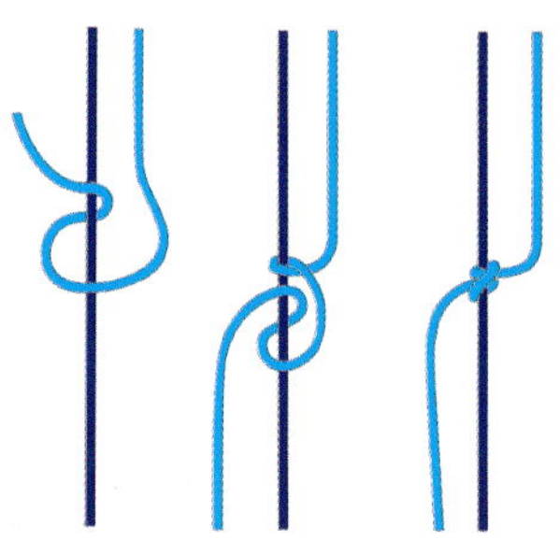

Nudo izquierda-derecha (Nudo-ID)
Con la mano izquierda, estirar hacia abajo el hilo izquierdo como hilo de soporte y, a continuación, con el hilo derecho realizar una lazada primero hacia la izquierda alrededor del hilo de soporte, tirar bien del hilo hacia arriba y, después, realizar otra lazada hacia la derecha, tensando el hilo un poquito menos. Dejar los dos hilos colgando hacia abajo.

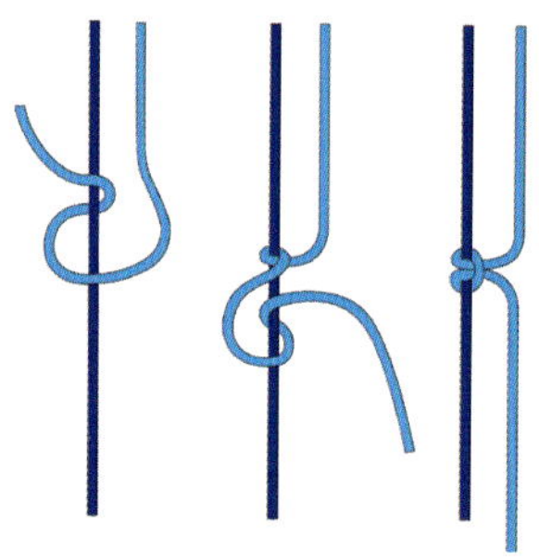

Técnicas

Diseño básico

Un diseño básico se anuda sistemáticamente fila a fila. Las filas discurren siempre en diagonal, desde arriba a la izquierda hacia abajo a la derecha, de modo que los colores cambian de posición en los nudos-DD y los nudos-II. Para mantener en la pulsera un borde del mismo color, anudar cada vez con los dos hilos exteriores un nudo-DI y un nudo-ID. Así, mantenemos siempre el mismo color. La diagonal puede rellenarse con nudos al inicio o al final del trabajo. En mi opinión, los remates en diagonal quedan muy bonitos en una pulsera y, por lo general, no suelo añadir nudos de relleno. A propósito, ocho hilos dan como resultado siete nudos.

Diseño con punta de flecha dirigida hacia abajo

Los nudos se hacen de izquierda a derecha en diagonal hacia el centro. El número de hilos debe ser siempre par, para mantener un diseño uniforme. La distribución de los hilos se realiza en sentido invertido lateralmente. Los dos hilos anudadores que se encuentran en el centro se anudan entre sí formando un nudo-DD o un nudo-II.
En el gráfico, este nudo viene marcado con un triángulo sobre el símbolo del nudo.

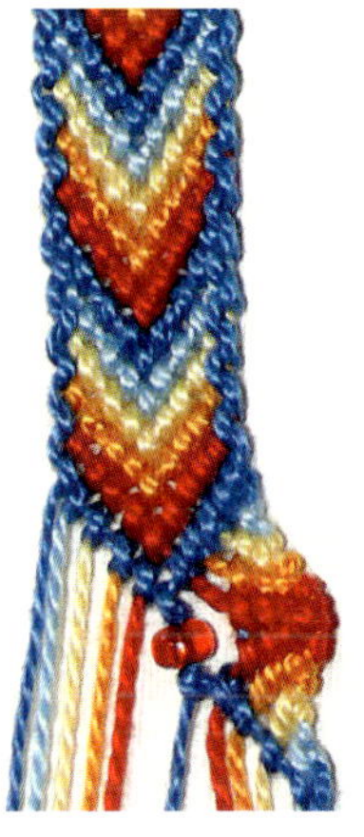

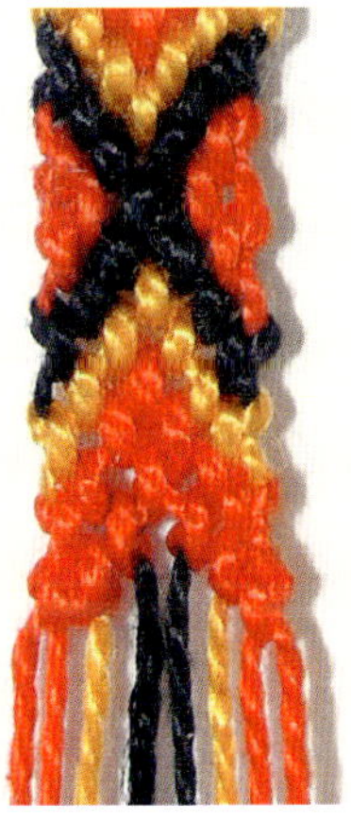

Diseño con punta de flecha dirigida hacia arriba

Para este diseño se hace un nudo-DD o un nudo-II con los dos hilos centrales. Seguidamente, se trabaja hacia ambos lados con estos dos hilos, a modo de hilos anudadores, una fila de nudos en diagonal hacia fuera. Después de la primera fila, se trabaja la siguiente punta de flecha otra vez con los dos hilos centrales.

Grados de dificultad de cada proyecto

Rápido y fácil

Se requiere un poco de práctica

Para avanzados

Consejos

Inicio y remate

En las pulseras de la amistad presentadas en este libro se han utilizado tres inicios o remates diferentes.

Trenzar con tres hilos

Este remate es ideal para pulseras muy anchas. En este caso se pueden hacer dos trenzas en cada extremo de la pulsera. También es posible realizar un trenzado con un número impar de hilos (por ejemplo, para cada trenza 2 x 2 hilos y 1 x 1 hilo, respectivamente).

Anudar un cordón redondo (en este caso, son necesarios cuatro cordones)

Nunca se debe soltar el cordón redondo mientras se realiza el anudado. Los hilos se dividen en cuatro cordones del mismo color. Después, se pasa el cordón izquierdo por debajo de los dos cordones situados a la derecha de éste y se vuelve a pasar hacia la izquierda por encima de otro cordón. A continuación, se pasa el cordón derecho por debajo de los dos cordones contiguos y se vuelve a pasar por encima de otro cordón hacia la derecha. Seguir trabajando del mismo modo, de izquierda a derecha, de forma alterna.

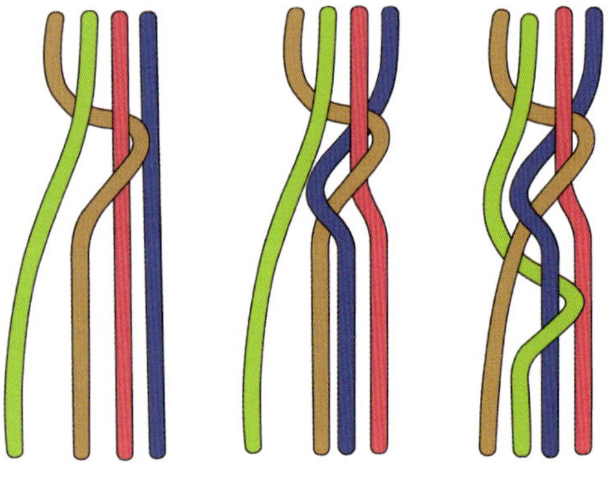

Cordón retorcido formado por dos partes

En este caso los hilos se dividen en dos cordones. Retorcer cada cordón hacia la derecha. Después, colocar el cordón derecho encima del cordón izquierdo y retorcer entre sí los dos cordones juntos. Realizar un nudo de sujeción a la longitud deseada y, por último, cortar los extremos del hilo dejando 1-1,5 cm como sobrante.

Consejos

Al comienzo es más fácil cortar todos los hilos con la misma longitud. Si en algunas pulseras se necesitan hilos más largos, viene indicado en el texto.

Las pulseras pueden adornarse con cuentas de rocalla u otro tipo de cuentas y accesorios. Las cuentas se ensartan al comienzo del trabajo de anudado. Los accesorios pequeños, como la cruz de la página 28, se cuelgan en las pulseras una vez terminadas, utilizando pequeñas anillas metálicas. Se abre la anilla con unos alicates, se engancha en ella el colgante y se vuelve a cerrar la anilla.

Cuando se utiliza hilo de perlé, las cuentas de rocalla y otro tipo de cuentas son más fáciles de ensartar con ayuda de pegamento. Se aplica el pegamento en los extremos de los hilos, se retuercen éstos formando un pico y, una vez seco el pegamento, se enfila el hilo a través de las cuentas.

Materiales y herramientas

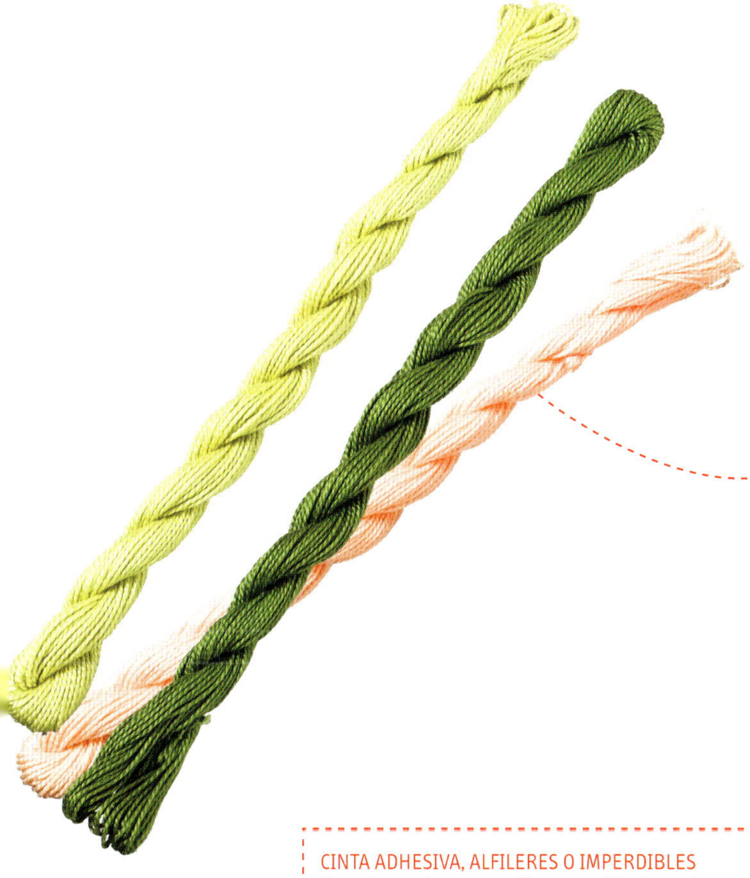

HILO DE PERLÉ

Todos los modelos de este libro se han trabajado con hilo de perlé. En las páginas con las instrucciones se puede ver el orden de la disposición de los hilos, de izquierda a derecha, mediante los gráficos a color. Además de hilo de perlé, también puede utilizarse hilo de algodón para una aguja de ganchillo de grosor 2-2,5.
El hilo de algodón tiene un precio más asequible, pero el hilo de perlé ofrece un brillo más bonito. También puede utilizarse hilo de bordar, aunque no tiene brillo y se tuerce fácilmente de dirección al anudarlo.

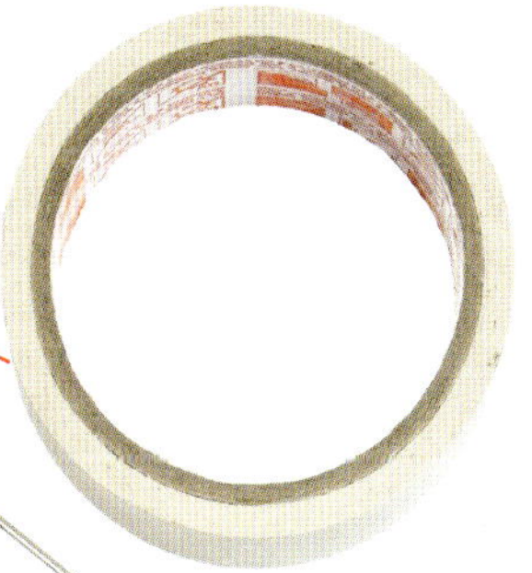

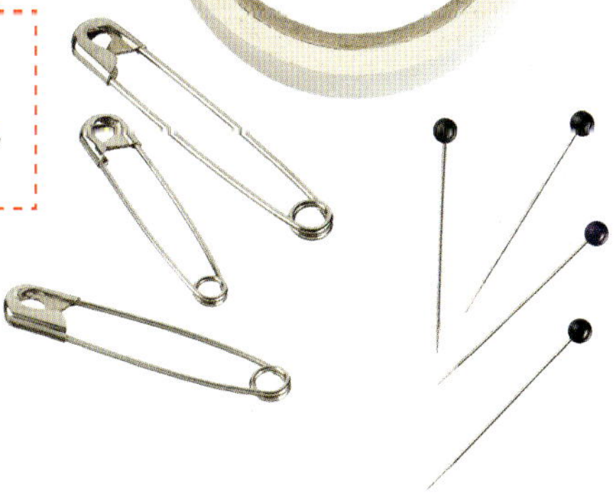

CINTA ADHESIVA, ALFILERES O IMPERDIBLES

Estas herramientas se utilizan para fijar las pulseras en tela vaquera, cojines o en un trozo grande de cartón. De este modo, las dos manos quedan libres para anudar la pulsera.

TIJERAS Y CINTA MÉTRICA

Las tijeras para cortar las pulseras y la cinta métrica para medir la longitud de los hilos.

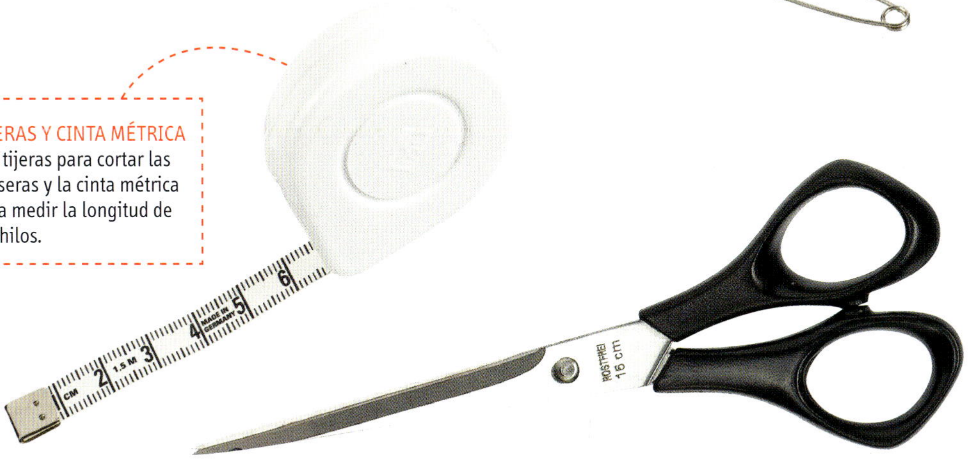

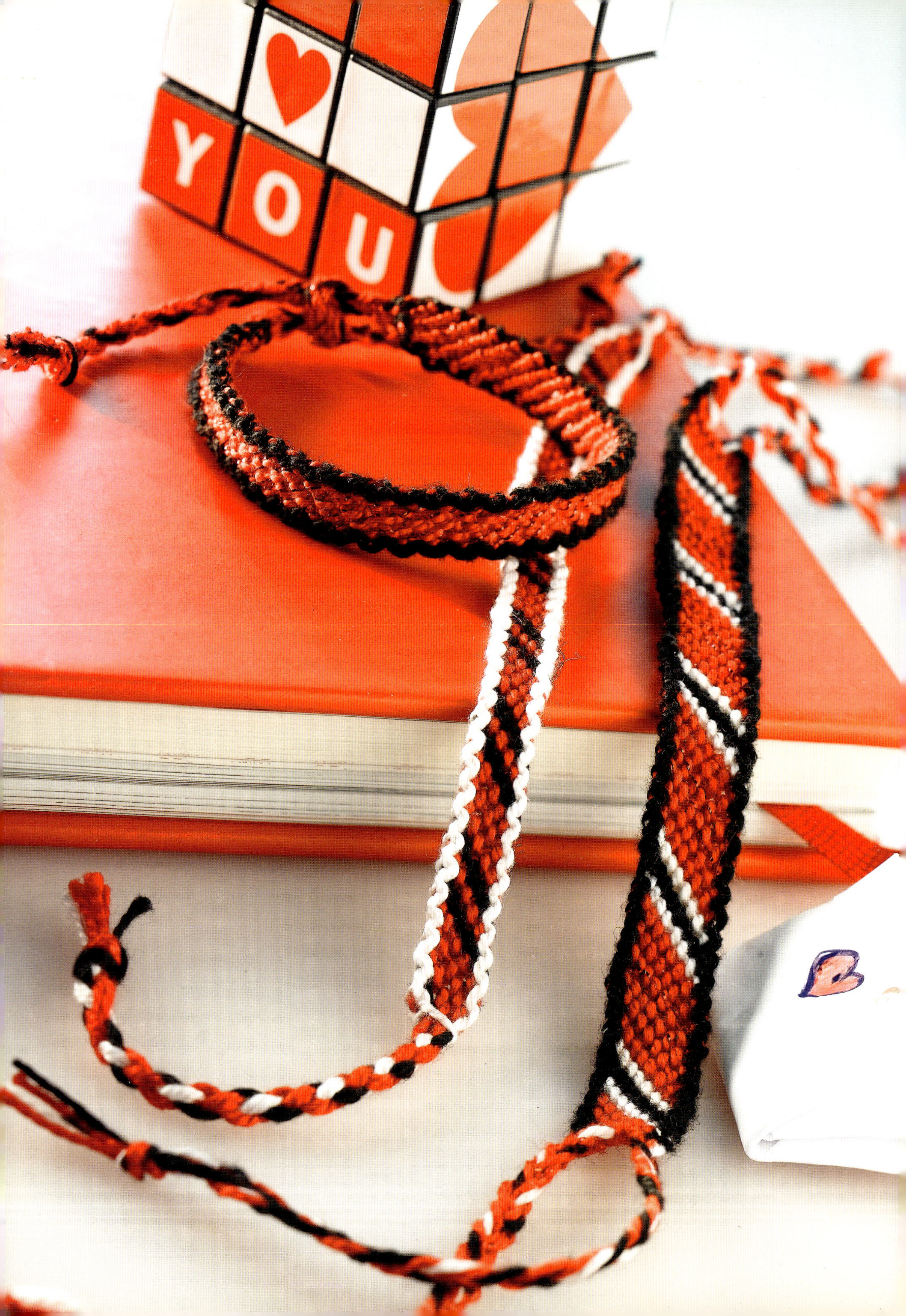
YOU

Bonita y sencilla

Con borde negro o blanco

Pulsera con borde blanco

1 Comenzar anudando a la izquierda un nudo-DI blanco; después, seguir con cinco nudos-DD rojos y un nudo-ID blanco. Anudar del mismo modo, siempre de izquierda a derecha, un diseño básico de 15-16 cm de largo. La secuencia repetida del dibujo de rayas rojas y negras se origina de manera automática por la disposición de los hilos.

2 Anudar en los extremos un cordón redondo (ver página 6). Para ello, unir en un cordón los dos hilos blancos, en otro cordón los dos hilos negros, y hacer dos cordones con dos hilos rojos cada uno; después trenzar con los cuatro cordones el cordón redondo.

Pulsera con borde negro

Comenzar anudando a la izquierda un nudo-DI negro; después, seguir con cinco nudos-DD rojos y un nudo-ID negro. Continuar tejiendo del mismo modo un diseño básico de 15-16 cm de largo y luego rematar la pulsera con un cordón redondo en cada extremo (ver Técnicas en páginas 4 y 5). Para ello, hacer tres cordones formados por dos hilos rojos y un cordón formado por dos hilos negros y, a continuación, trenzar con ellos el cordón redondo.

Pulsera ancha con borde negro

Esta pulsera se anuda como las dos anteriores, con un diseño básico de izquierda a derecha. Cada extremo de la pulsera está rematado con dos trenzas formadas, respectivamente, por cinco hilos y por seis hilos (cada trenza se anuda con tres cordones).

MATERIALES

PARA TODAS LAS PULSERAS

* Hilo de perlé de colores rojo y negro

PARA LA PULSERA CON BORDE BLANCO Y LA PULSERA ANCHA CON BORDE NEGRO

* Hilo de perlé de color blanco

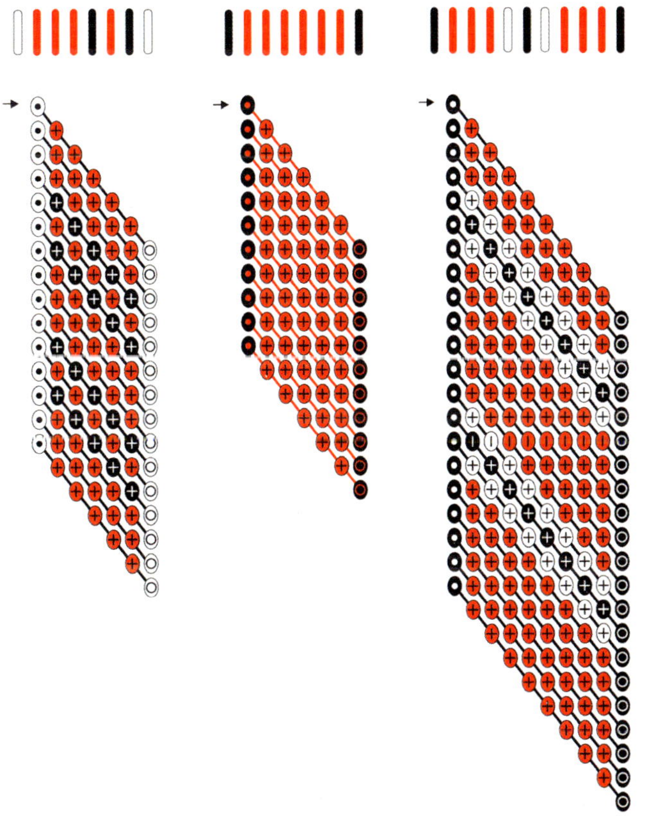

Diseño calado con rayas

De color verde-negro y rojo-amarillo-negro

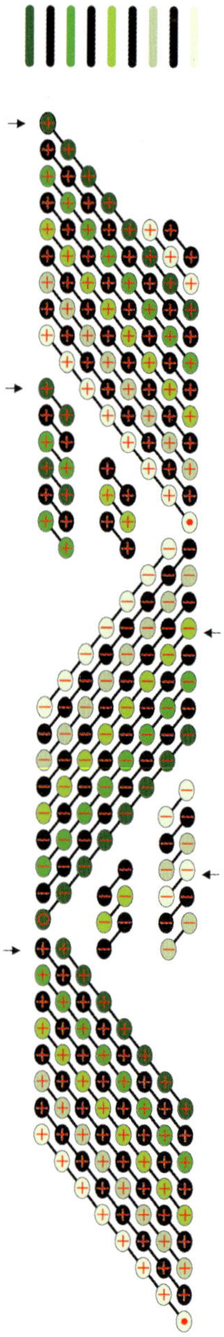

MATERIALES

* Hilo de perlé de colores verde esmeralda, verde césped, verde medio, verde manzana, verde claro y negro; o de color granate, rojo, naranja, amarillo, verde claro y negro

A continuación se describe, como ejemplo, la pulsera de color verde-negro. La variante de color rojo-amarillo-negro se anuda del mismo modo.

1 Anudar las dos primeras filas con dos o tres nudos-DD hasta el final. Después, trabajar otras nueve filas con nudos-DD. Anudando cada vez el último hilo de soporte, se obtiene automáticamente una fila de nudos en diagonal. Realizar ahora seis filas de nudos-DD con los tres primeros hilos desde la izquierda. Trabajar otras tres filas de nudos-DD con los tres hilos contiguos del medio.

2 Tensar el siguiente hilo y realizar un nudo-DD con los dos hilos derechos de color verde claro y después, en diagonal hacia la izquierda, nueve filas de nudos-II. Anudar seis filas de nudos-II con los tres hilos derechos y otras tres filas de nudos-II* con los tres hilos centrales. Tensar el hilo izquierdo y anudar un nudo-ID. Repetir una vez los pasos 1 y 2 hasta el asterisco *.

3 Rematar la pulsera anudando, arriba y abajo, un cordón de unos 7 cm de largo, trenzado con tres cordones formados cada uno por tres hilos. Después, asegurar con un nudo. Recortar los hilos dejando un sobrante de 1 cm.

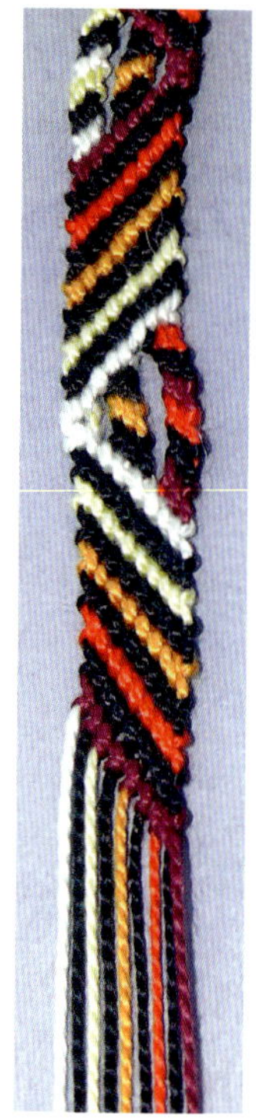

Consejo

Variante cromática: en vez de variaciones de tonos, se pueden variar los colores y las pulseras también quedan muy bonitas.

Variante cromática

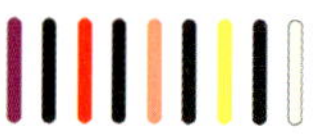

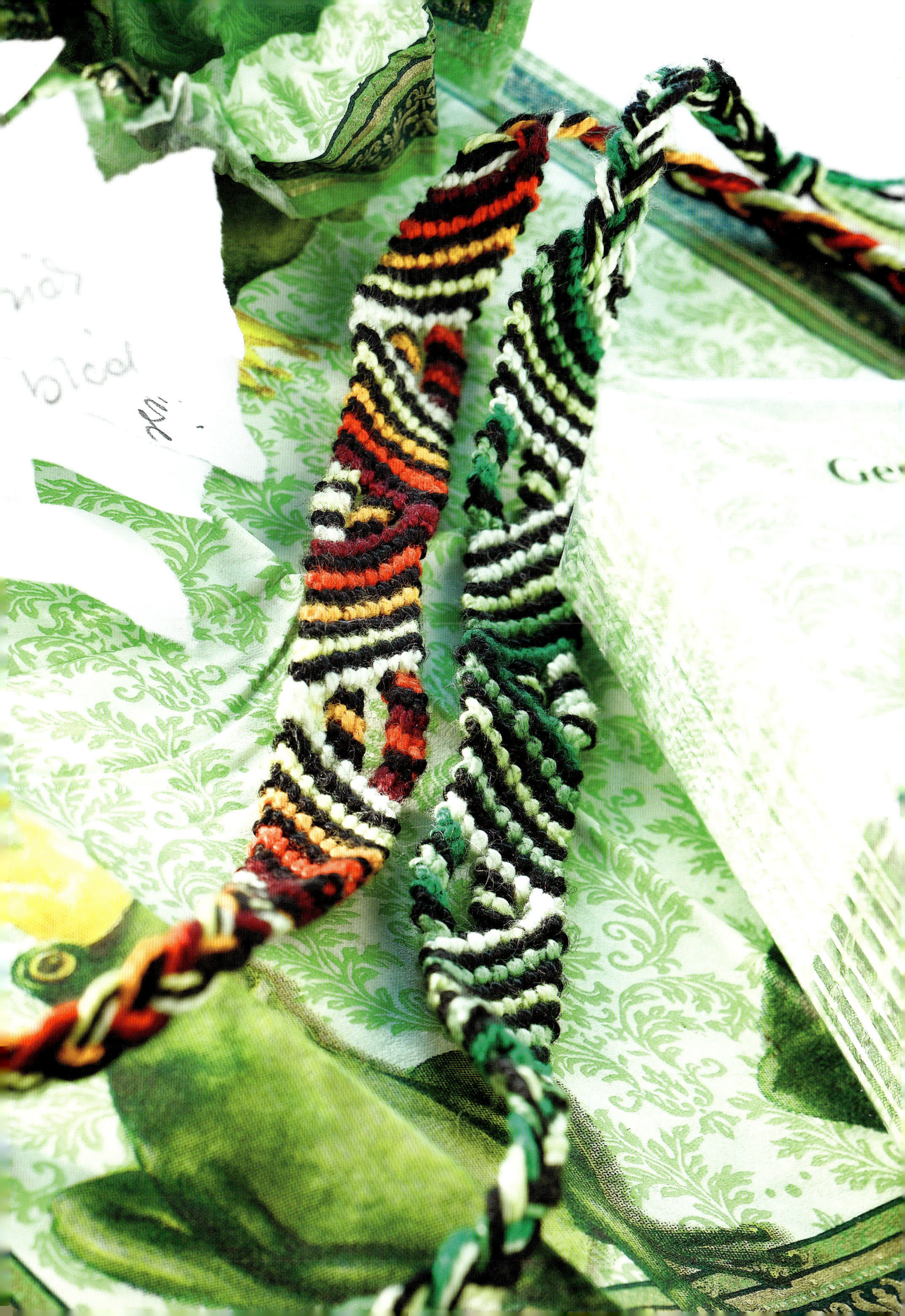

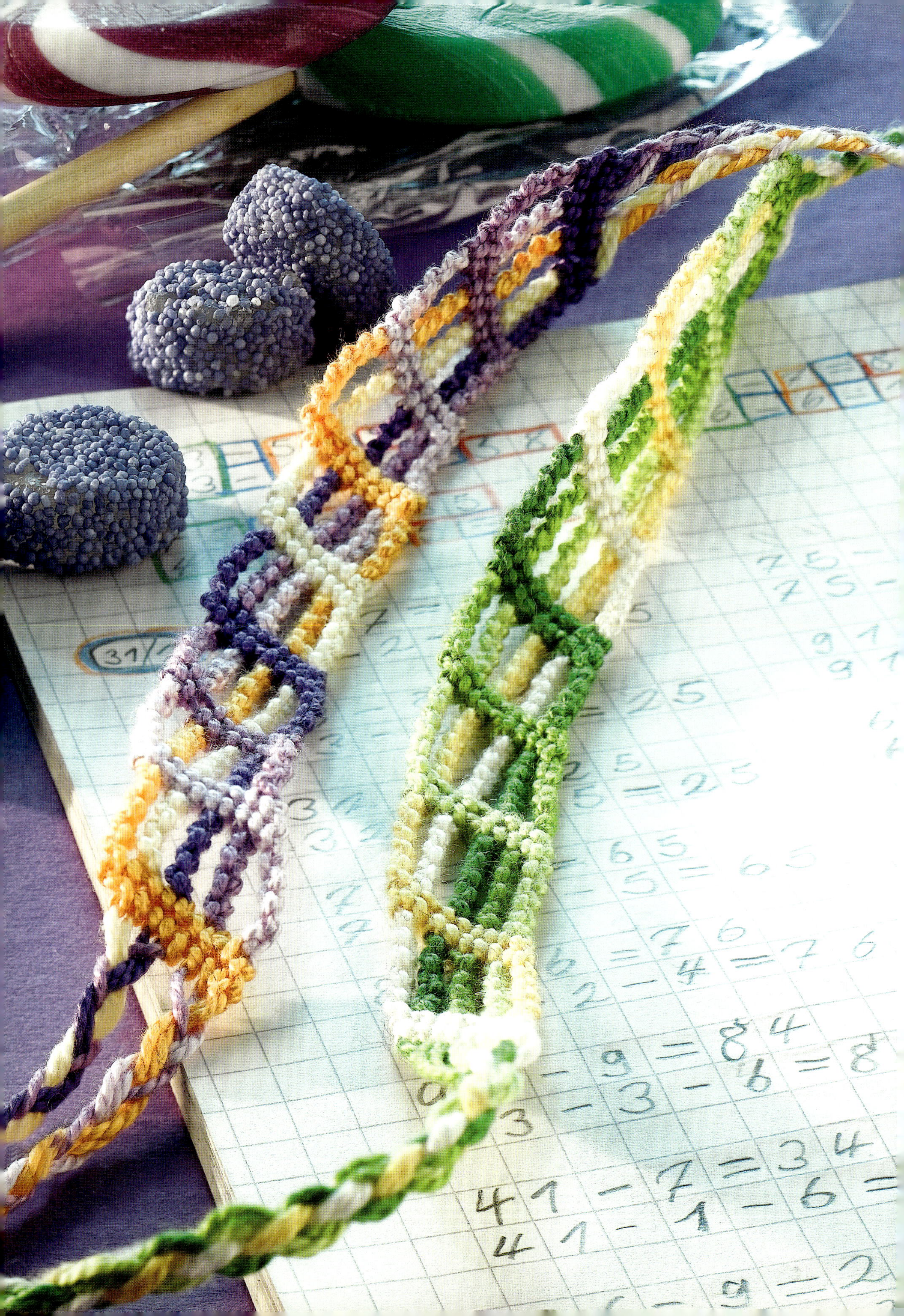

Algo diferente

Anudado original

MATERIALES

PULSERA EN TONOS VERDES

* Hilo de perlé de colores amarillo, beige, verde manzana, verde césped y verde esmeralda

PULSERA EN TONOS LILA-AMARILLO

* Hilo de perlé de colores amarillo claro, naranja, lila claro, lila oscuro y lila intermedio

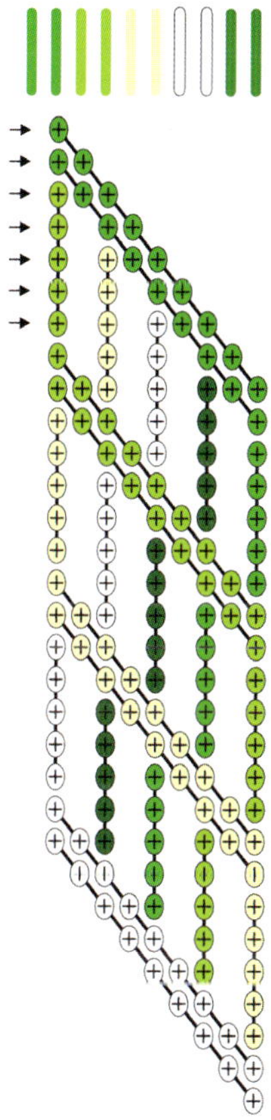

1 Comenzar anudando dos filas de nudos-DD con diez hilos.

2 A continuación, trabajar respectivamente cinco filas de nudos-DD con dos hilos del mismo color. Para ello, anudar un nudo-DD del modo siguiente: mantener estirado el hilo derecho como hilo de soporte y realizar un nudo-DD con el hilo izquierdo como hilo anudador. Para el segundo nudo, volver a tensar el hilo derecho y anudar con el hilo izquierdo otro nudo-DD. Anudar de este modo cinco nudos con cada color. Como sólo se realiza un nudo hasta cambiar de hilo, el diseño queda como si las pulseras se trabajaran en diagonal. Volver a anudar otra vez, de izquierda a derecha y con todos los hilos, dos filas de nudos-DD.

3 Repetir siete veces el paso 2. El remate se realiza con un cordón redondo compuesto por dos cordones de tres hilos y dos cordones de dos hilos; o si se prefiere, anudar dos trenzas con dos cordones de dos hilos y un cordón de un hilo cada una.

Consejo

Remate: antes de trenzar el cordón, la diagonal del inicio y del final de la pulsera se puede rellenar con nudos-II o nudos-DD, como se prefiera.

Variante cromática

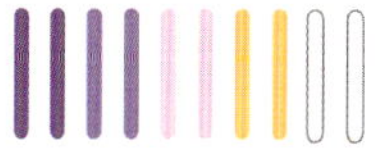

Diseño en zigzag

Con bonitos detalles

Pulsera rosa-fucsia-negra

Esta pulsera se anuda siguiendo las mismas indicaciones que para la segunda pulsera, pero ensartando en cada canto exterior 2 cuentas Rocallas-Delicas plateadas. El remate se realiza trenzando un cordón redondo en cada extremo (ver Técnicas en páginas 4 y 5).

Pulsera verde-amarilla

Anudar la pulsera siguiendo el gráfico, con siete filas de nudos-DD y nudos-II de forma alterna hasta obtener la longitud deseada (unos 14 cm). Rematar cada extremo con un cordón redondo (ver Técnicas en páginas 4 y 5).

Pulsera verde-fucsia-negra

1 Anudar desde la izquierda cinco nudos-DD de color negro. Ensartar 1 cuenta Rocalla-Delica con los hilos anudadores. Trabajar un nudo-ID verde con los dos hilos izquierdos, anudar debajo, desplazados, dos nudos-II de color fucsia, debajo otros tres nudos-II verdes y, de nuevo, otros cuatro nudos-II de color fucsia.

2 Continuar con el hilo negro la línea en zigzag hacia la izquierda, anudando nudos-II, y ensartar de nuevo 1 cuenta Rocalla-Delica.Trabajar un nudo-DI verde con los dos hilos derechos y debajo, desplazados, dos nudos-DD de color fucsia, tres nudos-DD verdes y cuatro nudos-DD de color fucsia. Repetir siete veces los pasos 1 y 2. Terminar la pulsera con cinco nudos-DD negros. Rematarla con un cordón en cada extremo, anudado con tres cordones de dos hilos cada uno.

MATERIALES

PULSERA ROSA-FUCSIA-NEGRA

* Hilo de perlé de colores fucsia, rosa oscuro, rosa claro y negro (1,30 m de largo aprox.)
* 26 cuentas Rocallas-Delicas plateadas, de 2,2 mm Ø

PULSERA VERDE-AMARILLA

* Hilo de perlé de colores verde, amarillo y negro (1,30 m de largo aprox.)

PULSERA VERDE-FUCSIA-NEGRA

* Hilo de perlé de colores verde, fucsia y negro
* 16 cuentas Rocallas-Delicas plateadas, de 2,2 mm Ø

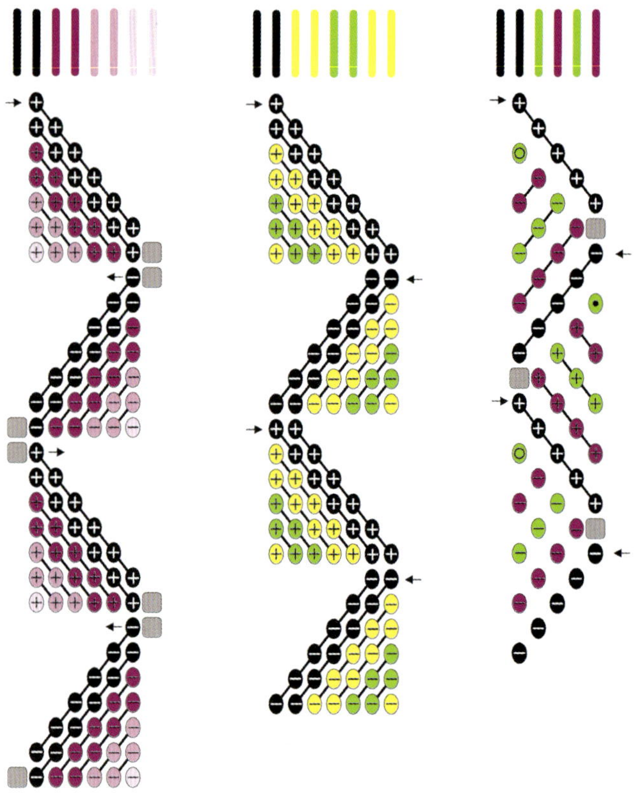

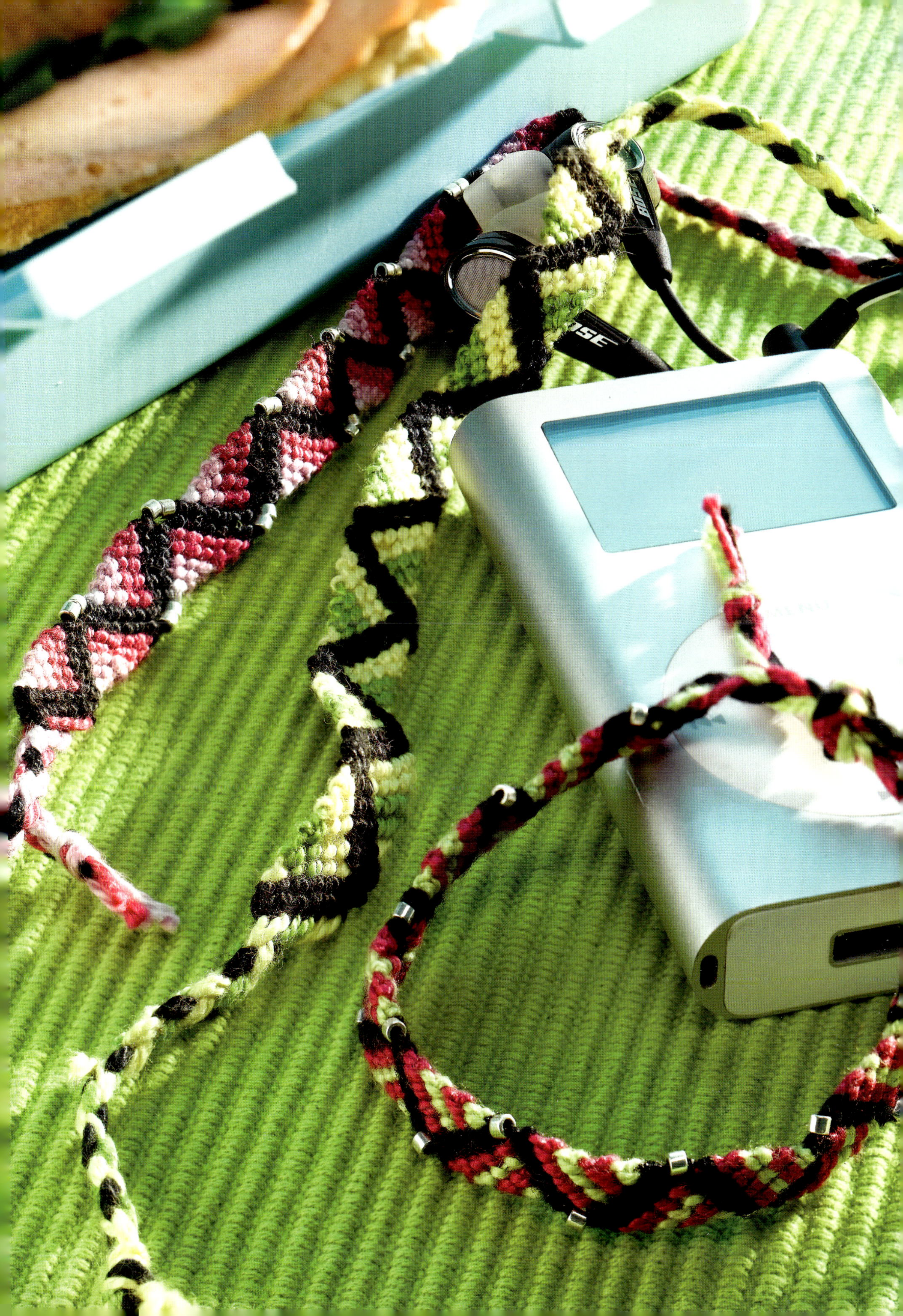

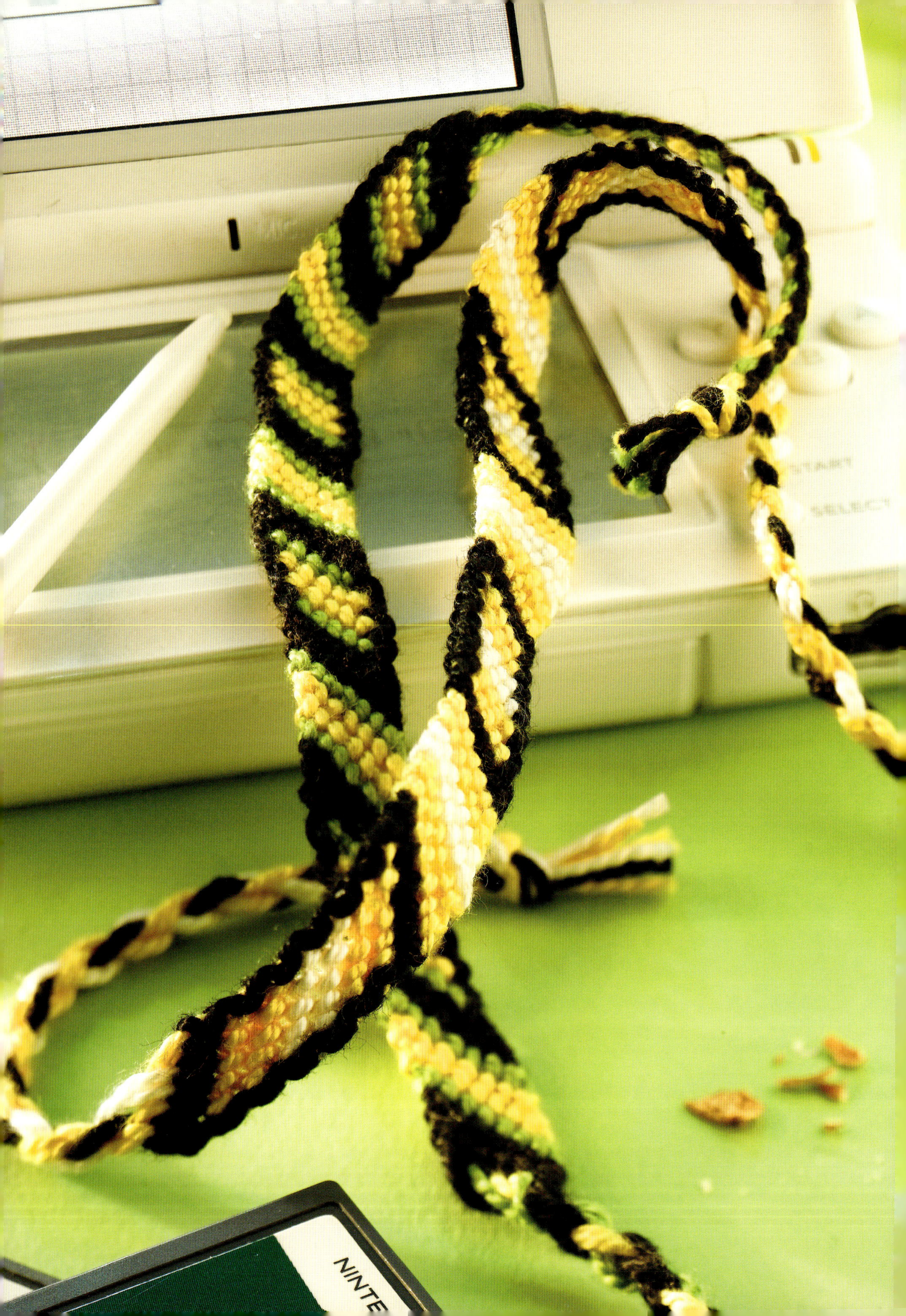
START
SELECT
NINTE

Líneas sencillas

De colores amarillo, negro, blanco y verde

MATERIALES

PULSERA VERDE-NEGRA

* Hilo de perlé de colores verde, amarillo y negro

PULSERA AMARILLA-NEGRA

* Hilo de perlé de colores amarillo, blanco y negro

Pulsera verde-negra

Anudar ocho filas de nudos-DD alternando los colores. Comenzar en la fila novena con un nudo-DI, anudar cinco nudos-DD y terminar con un nudo-ID. Trabajar las tres filas siguientes exactamente igual*. Repetir tres veces el proceso hasta el asterisco *. Terminar con dos filas de nudos-DD de color negro. Por último, rematar cada extremo de la pulsera con un cordón redondo formado por cuatro cordones de dos hilos cada uno.

Pulsera amarilla-negra

Anudar una fila de nudos-DD empezando desde la izquierda. Comenzar las siguientes seis filas a la izquierda con un nudo-DI, anudar cinco nudos-DD y terminar a la derecha con un nudo-ID. Seguidamente, anudar seis filas de nudos-DD*. Repetir tres veces más el proceso hasta el asterisco *, aunque en el último segmento se puede renunciar a las seis filas de nudos-DD de color amarillo y blanco. Esta pulsera se trabaja con el mismo remate que la primera.

Consejo

Texto del marco negro: puedes reducir el tamaño del marco negro, formando sólo dos o tres filas de nudos-DI y nudos-ID; o aumentarlo anudando más filas alrededor.

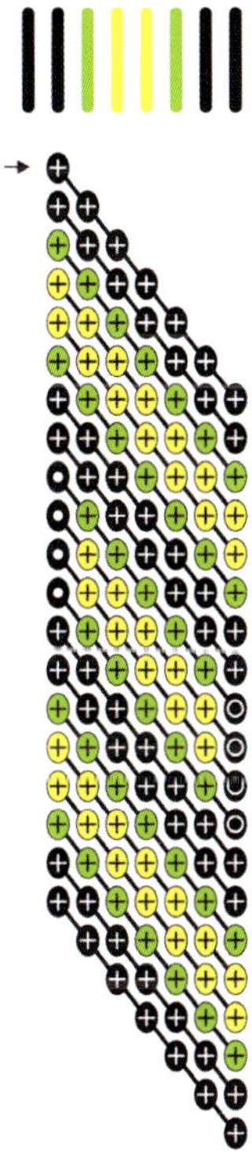

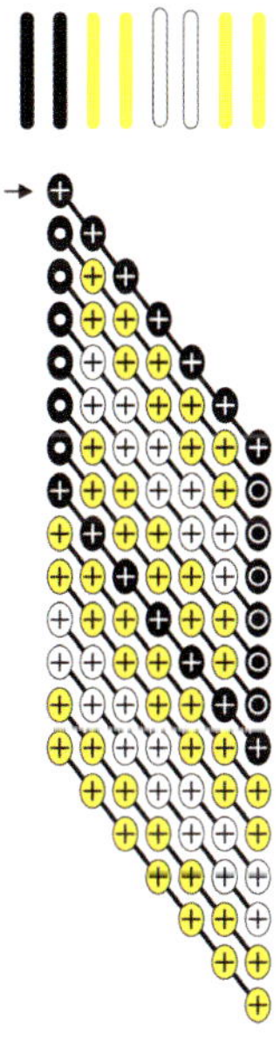

Graciosas pulseras de color azul y rosa

Con cuentas y rositas plateadas

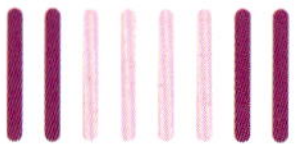

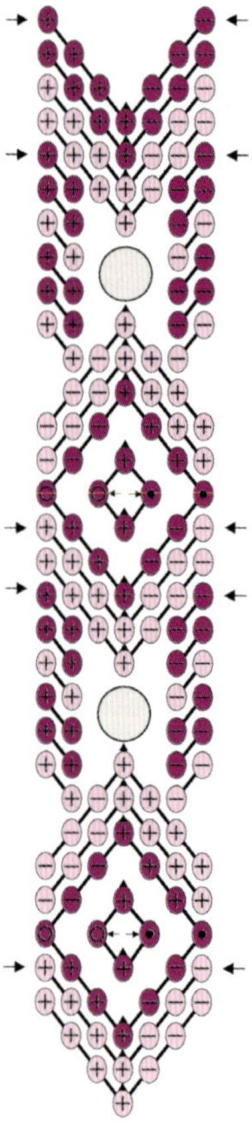

Variante cromática

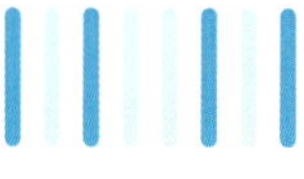

MATERIALES

PULSERA ROSA

* Hilo de perlé de colores granate y rosa
* 5 rositas plateadas, de 8 mm Ø
* Pegamento de contacto

PULSERA AZUL

* Hilo de perlé de colores azul turquesa y azul claro
* 4 cuentas de cristal facetado de color negro, de 6 mm Ø
* Pegamento de contacto

Pulsera rosa

1 Comenzar con una punta de flecha de color granate dirigida hacia abajo (ver Técnicas en páginas 4 y 5). Trabajar dos filas de color granate y dos filas de color rosa cada vez. Anudar los hilos anudadores centrales con un nudo-DD y después enfilar los dos hilos aplicando pegamento en el extremo, a través de 1 cuenta de rosita. Seguidamente, anudar un nudo-DD. Anudar a derecha e izquierda de la cuenta, con los tres hilos exteriores de cada lado, seis filas de nudos-DD o nudos-II. Después, anudar con los dos hilos centrales como hilos anudadores, dos filas de color rosa de punta de flecha, que señalen hacia arriba (ver Técnicas en páginas 4 y 5).

2 Para realizar el rombo de color granate, hacer un nudo-DD con los dos hilos centrales y trabajar, desplazados hacia la derecha, dos nudos-DD y un nudo-DI, y hacia la izquierda, dos nudos-II y un nudo-ID. Para realizar el rombo pequeño interior, anudar un nudo-DD con los dos hilos centrales, trabajar debajo, desplazado hacia la derecha, un nudo-DI y al lado, desplazado hacia la izquierda, otro nudo-ID y, desplazado debajo en el centro, un nudo-DD. A continuación, cerrar el rombo granate grande a la izquierda con dos nudos-DD y, a la derecha, con dos nudos-II y cerrar con un nudo conjunto-DD en el centro. Seguir trabajando la pulsera con este diseño hasta obtener una longitud de 15,5 cm. Por último, rematar cada extremo con un cordón redondo (ver Técnicas en páginas 4 y 5).

Pulsera azul

Se trabaja del mismo modo que la pulsera de color rosa, pero se anuda alternando sólo una fila de cada color. Esta pulsera únicamente mide 14 cm de largo (sólo la cinta con diseño, sin los cordones).

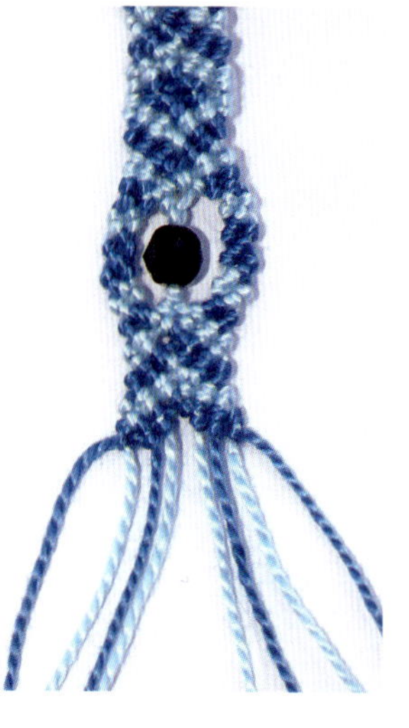

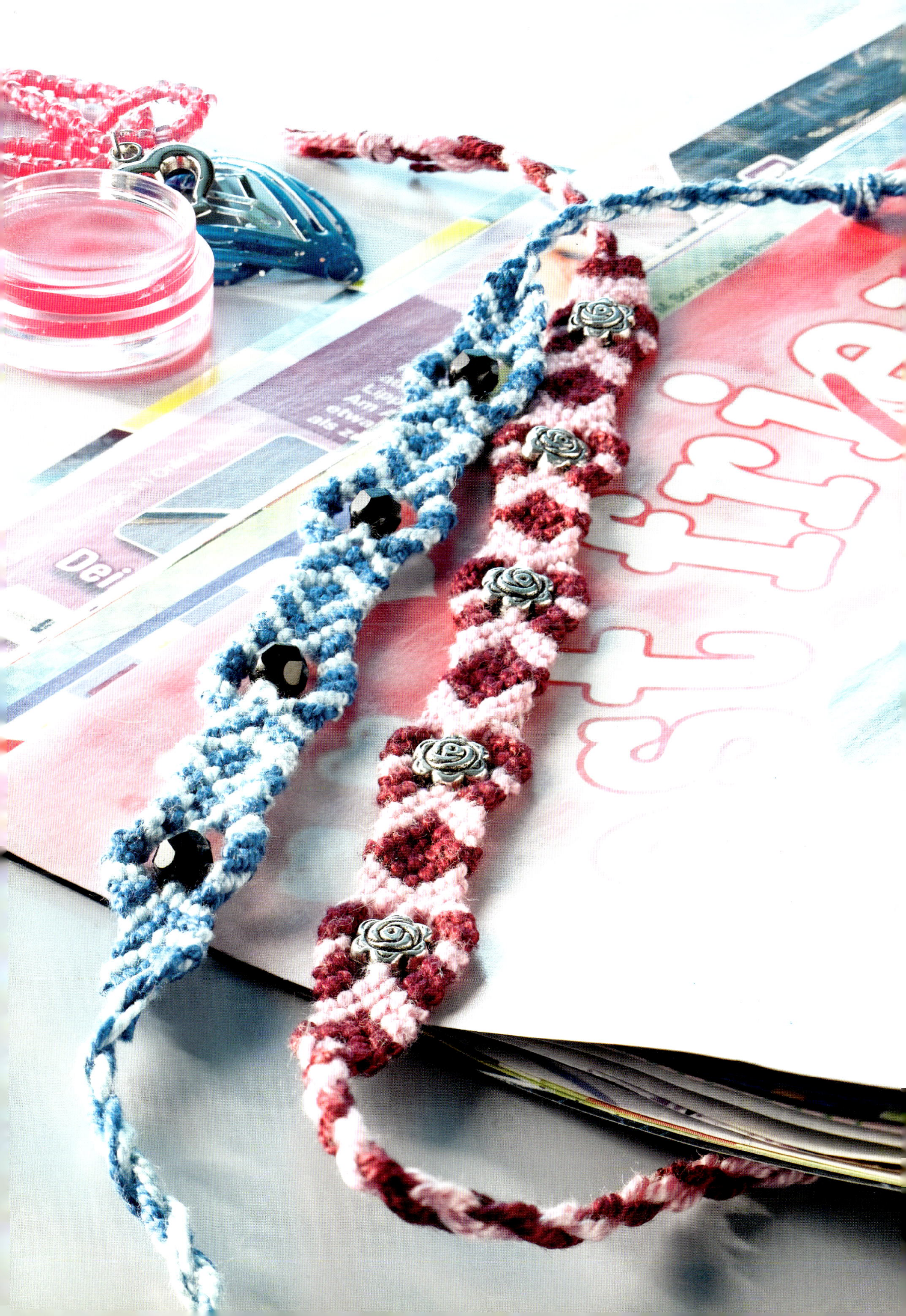

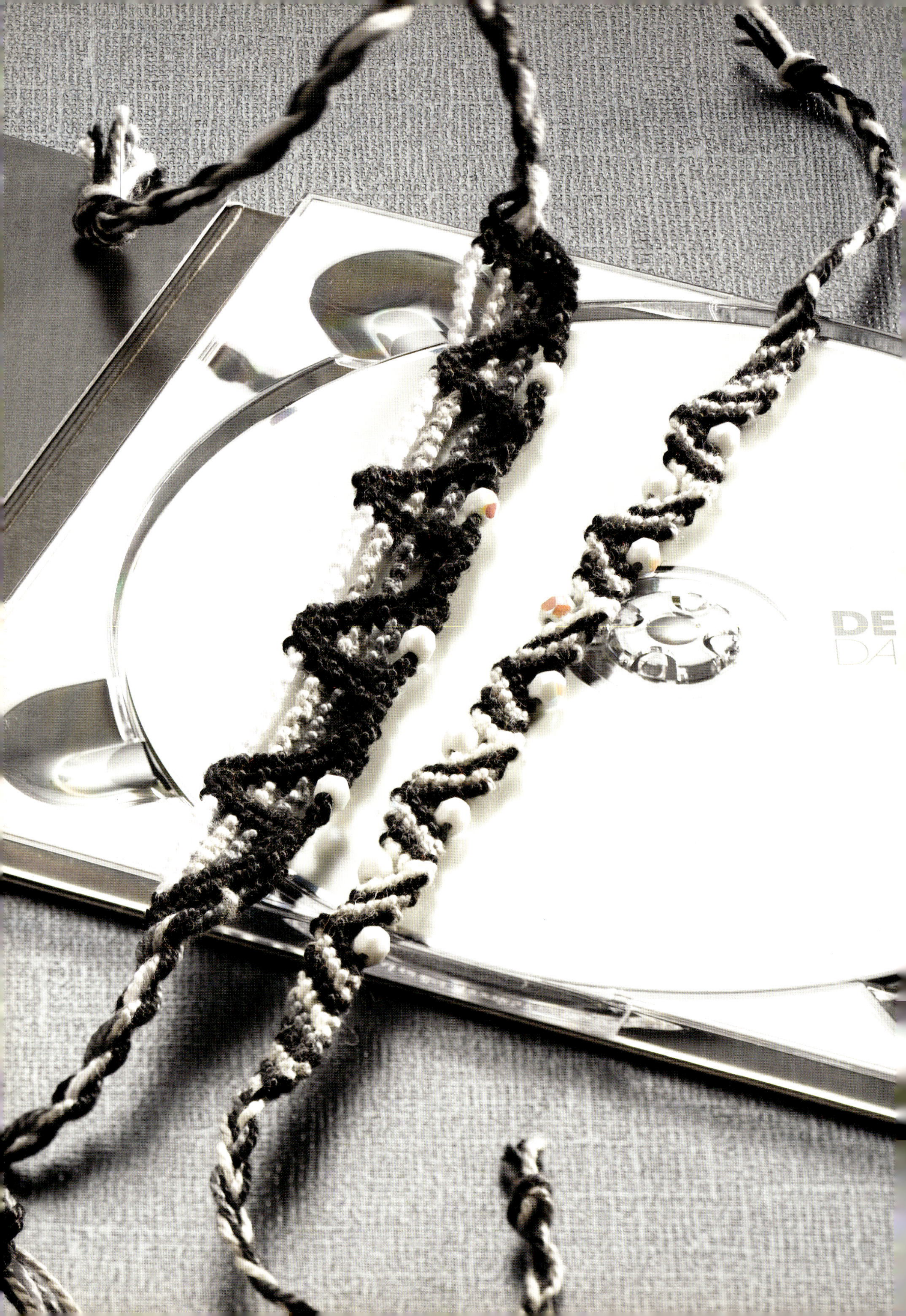

Elegante y refinada

De color negro-blanco-gris

MATERIALES
PULSERA ANCHA

- Hilo de perlé de colores blanco, gris claro, gris oscuro y negro
- 4 cuentas irisadas de cristal facetado de color blanco mate, de 4 mm Ø

PULSERA ESTRECHA

- Hilo de perlé de colores blanco, gris claro, gris oscuro y negro
- 9 cuentas irisadas de cristal facetado de color blanco mate, de 4 mm Ø

Pulsera ancha

1 Anudar dos filas de nudos-DD de color negro de izquierda a derecha. Después, con los dos hilos izquierdos blancos, anudar seis filas de nudos-DD, al lado cinco filas de color gris claro, cuatro filas de color gris oscuro y dos filas de color negro. Seguidamente anudar un nudo-DD y dos filas negras de nudos-II, de derecha a izquierda.

2 Trabajar dos nudos-DD con los dos hilos negros derechos, enfilar ambos hilos a través de 1 cuenta y volver a anudar después dos nudos-DD. Al lado, añadir tres nudos-DD de color gris oscuro y otros dos nudos-DD de color gris claro. Repetir este diseño tres veces y media más, y rematar con dos filas de nudos-II hacia la izquierda. Retorcer los extremos formando un cordón (ver Técnicas en páginas 4 y 5).

Pulsera estrecha

1 Comenzar con un nudo-ID, anudar ocho filas de nudos-II en diagonal hacia la parte inferior izquierda, trabajando el último nudo como un nudo-DI. Ensartar 1 cuenta en el hilo gris derecho. Trabajar después, de izquierda a derecha, cuatro filas de nudos-DD y anudar el último nudo blanco como un nudo-ID.

2 Ensartar 1 cuenta con el hilo gris izquierdo y, a continuación, trabajar en diagonal hacia la parte inferior izquierda cuatro filas de nudos-II. Repetir este proceso hasta alcanzar la longitud deseada de la pulsera. No olvidar anudar de nuevo ocho filas de nudos-DD o nudos-II a modo de remate. Por último, trenzar cada uno de los extremos.

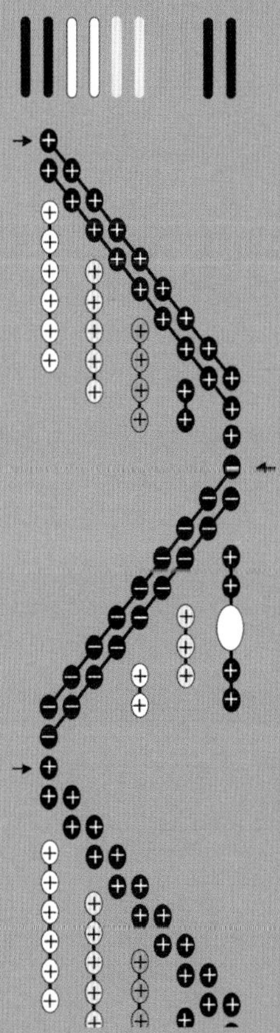

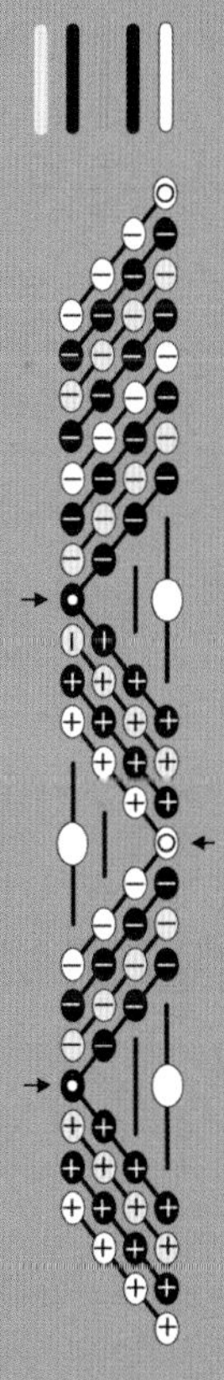

Pulseras primaverales

Con mariposas o con cuentas

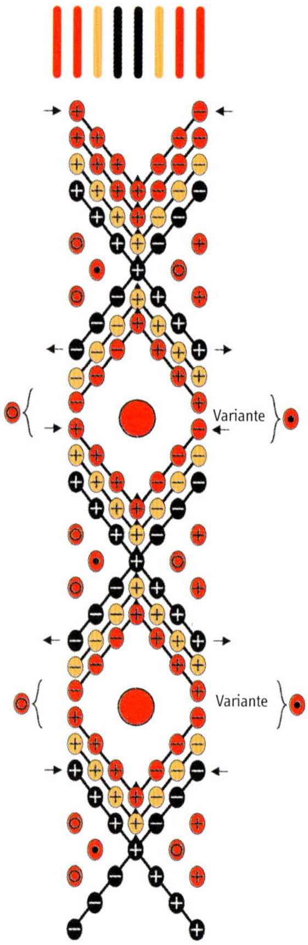

Variante cromática

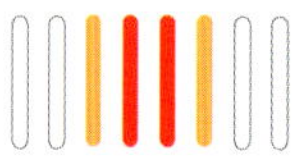

MATERIALES

PULSERA CON MARIPOSAS

* Hilo de perlé de colores beige, naranja y rojo
* Flor plateada, de 8 mm Ø
* 4 mariposas plateadas, de 8 x 5 mm

PULSERA CON CUENTAS

* Hilo de perlé de colores rojo, naranja y negro
* 5 cuentas de plástico de color rojo, de 4 mm Ø

Pulsera con mariposas

1 Se trabaja como la pulsera con cuentas, pero se comienza y se termina con una punta de flecha roja (formada por dos nudos-DD y un nudo-II). No anudar a la altura de la mariposa ningún nudo-DD o nudo-II, ni tampoco ningún nudo-II y nudo-DD. En su lugar, anudar un nudo-DI en la vuelta a la derecha y un nudo-ID en la vuelta a la izquierda.

2 Ensartar las mariposas en los dos primeros rombos, con los dos hilos centrales. Colocar en el rombo del medio la flor plateada y volver a adornar los dos rombos siguientes con mariposas. Rematar la pulsera trenzando un cordón redondo en cada extremo.

Pulsera con cuentas

1 Comenzar con una punta de flecha dirigida hacia abajo (ver Técnicas en páginas 4 y 5). Para ello, trabajar dos filas de color rojo, una de color naranja y una de color negro. Cerrar cada fila en medio con un nudo-DD.

2 Trabajar el triángulo derecho anudando un nudo-DD rojo, desplazado debajo un nudo-ID y, de nuevo desplazado, un nudo-DD. Seguidamente, trabajar el triángulo izquierdo anudando un nudo-ID, desplazado al lado un nudo-DI y finalmente otro nudo-ID.

3 Continuar la siguiente fila de nudos negros en diagonal desde el centro hacia el exterior, trabajando nudos-DD y nudos-II. Comenzar la fila naranja, otra vez en el medio, con un nudo-DD y añadir la fila roja directamente. Enfilar los dos hilos rojos centrales por 1 cuenta y después cerrar el rombo con nudos-DD y nudos-II en diagonal hacia el centro. Continuar el diseño como se representa en el gráfico y terminar con dos filas rojas. Rematar la pulsera trenzando un cordón redondo en cada extremo (ver Técnicas en páginas 4 y 5).

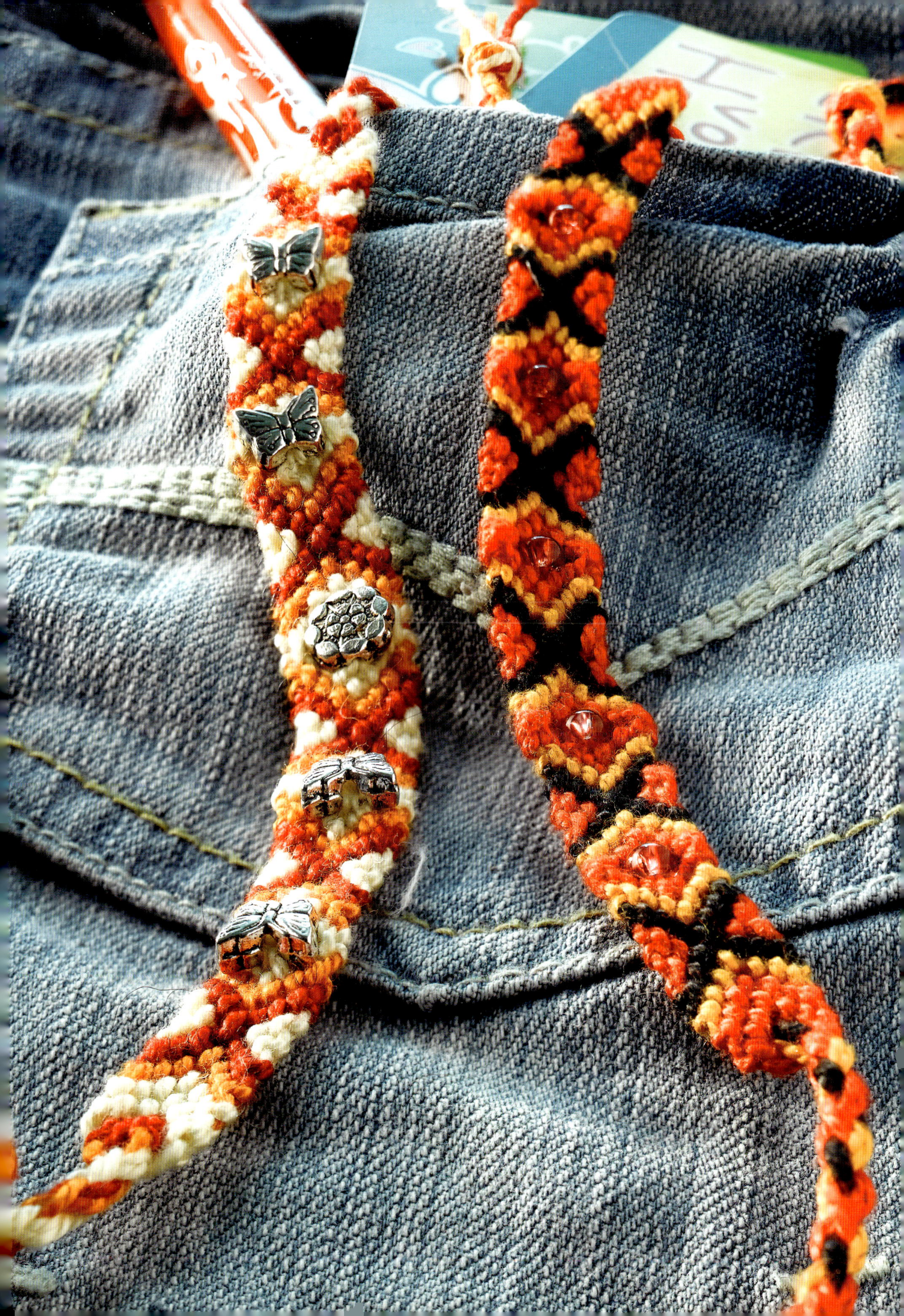

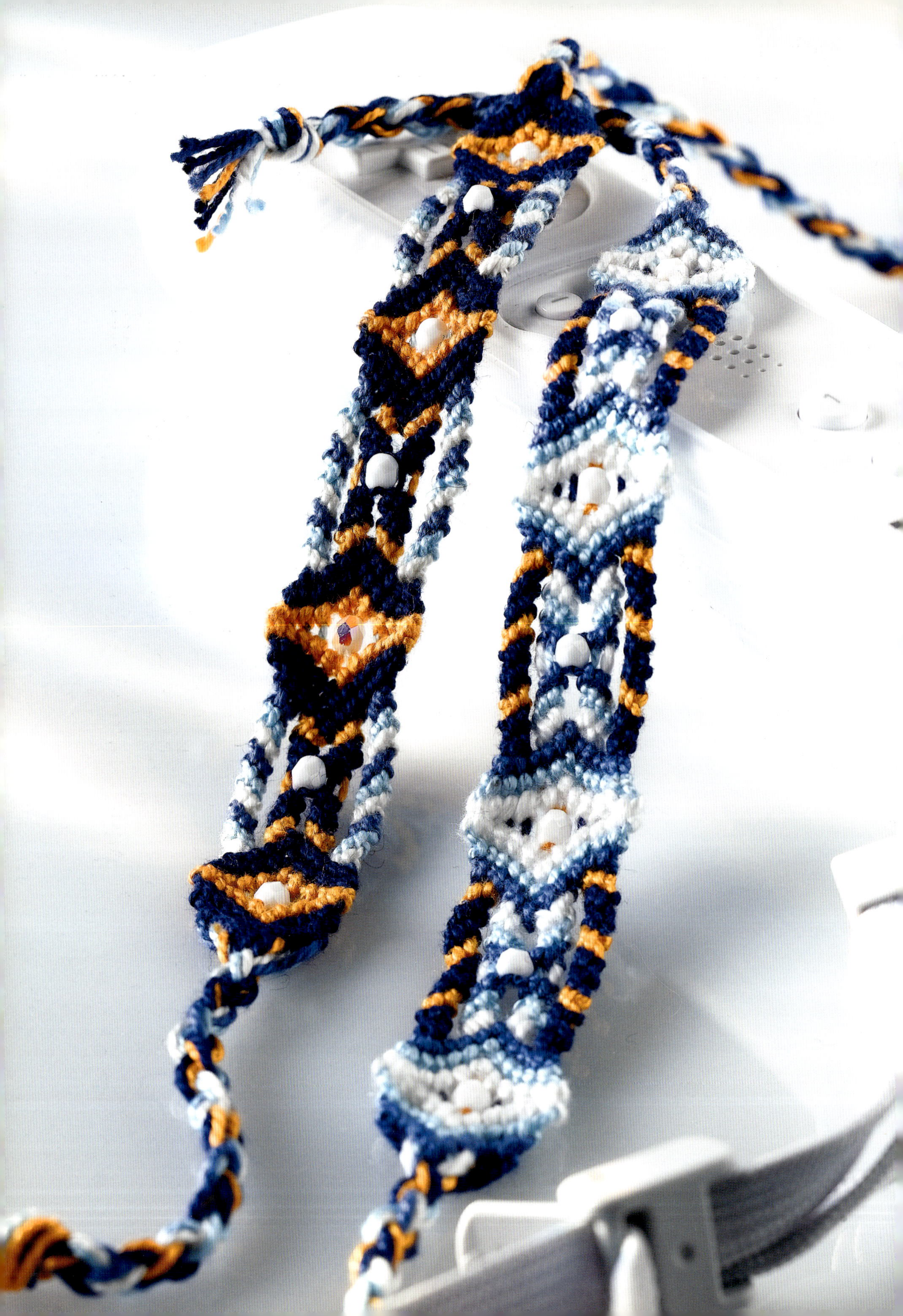

Una para ti, otra para mí

Para las mejores amigas

MATERIALES

* Hilo de perlé de colores azul oscuro, azul intermedio, azul claro, naranja y beige
* 7 cuentas irisadas de cristal facetado de color blanco tiza, de 4 mm Ø
* Pegamento de contacto

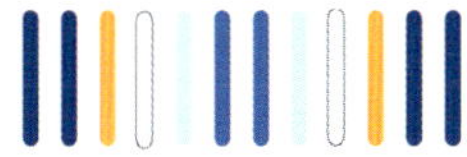

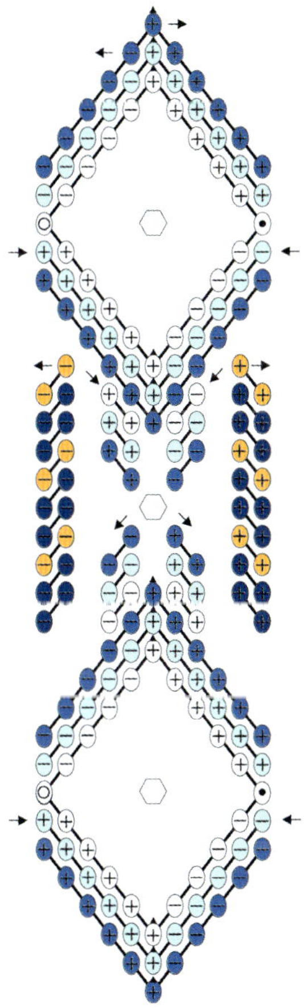

1 Comenzar con una punta de flecha dirigida hacia arriba (ver Técnicas en páginas 4 y 5). Anudar tres filas cada vez desde el centro hacia fuera. Aplicar un poco de pegamento en el extremo de los dos hilos centrales de color naranja (ver pulsera derecha), formar un pico con los hilos y enfilarlo a través de la cuenta. Cerrar la fila blanca con nudos-DD por la izquierda y con nudos-II por la derecha, en diagonal hacia el centro. Trabajar con los dos hilos anudadores un nudo-DD desplazado en el centro. A continuación, añadir una fila de color azul claro y una fila de color azul oscuro.

2 Anudar por cada lado con tres hilos, desde fuera hacia el centro, nueve filas de nudos-DD o nudos-II. Trabajar exactamente igual en el centro, cada vez tres filas de fuera hacia el centro. Enfilar otra vez los dos hilos centrales a través de 1 cuenta y, después, trabajar desde el centro hacia fuera otras tres filas de nudos-II hacia la izquierda y de nudos-DD hacia la derecha. Repetir los pasos 1 y 2 dos veces y media. Rematar la pulsera con un cordón redondo (ver Técnicas en páginas 4 y 5), trenzado con tres cordones de cuatro hilos cada uno.

Variante cromática

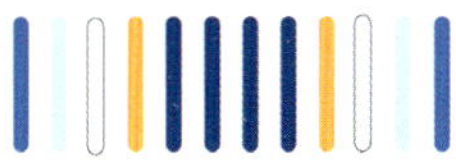

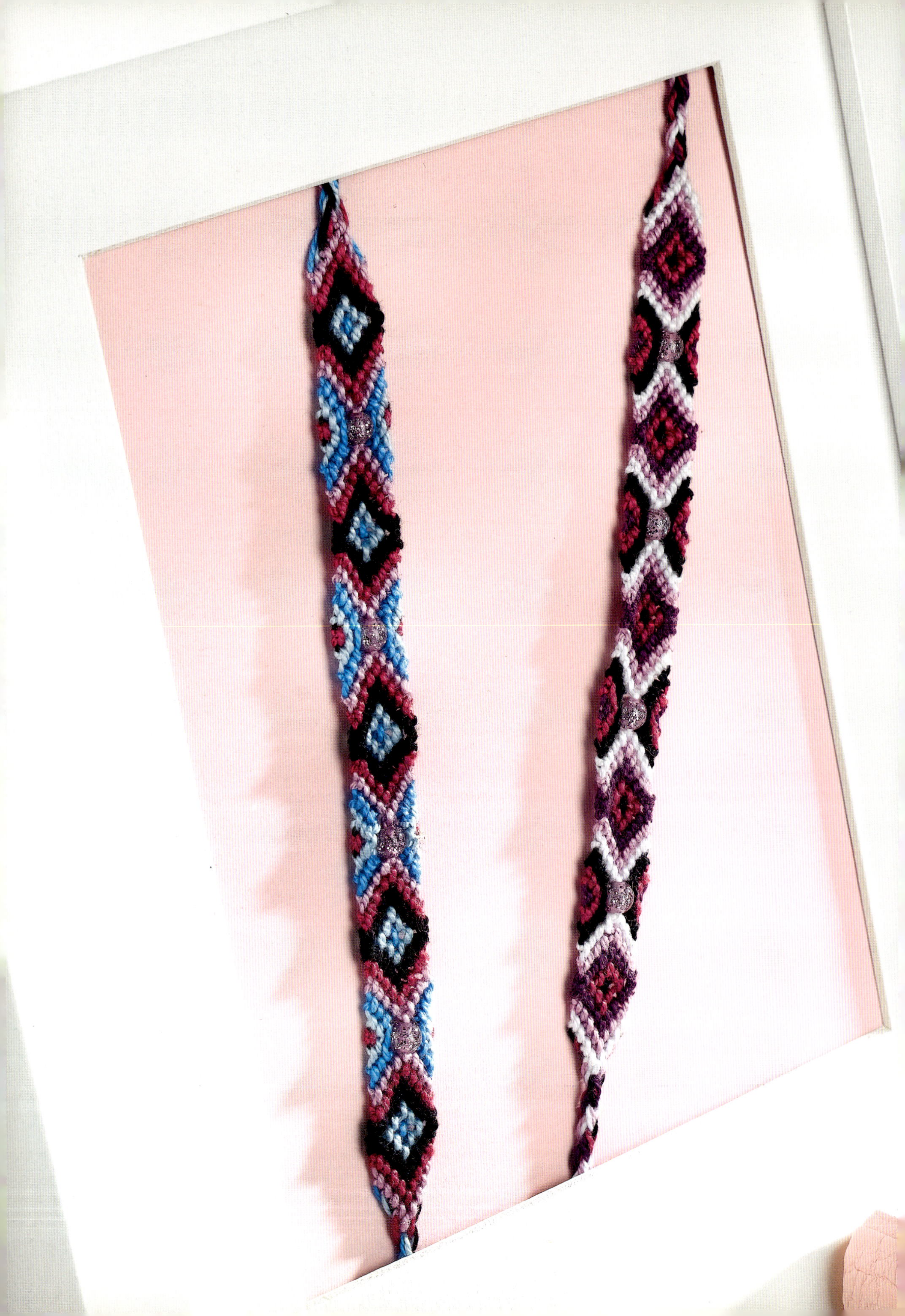

Para abanderados de la moda

En tonos lila y turquesa

MATERIALES

* Hilo de perlé de colores fucsia, lila claro, lila medio, blanco y negro; o de color turquesa, azul claro, fucsia, lila claro y negro
* 4 cuentas de plástico de color lila, de 5 mm Ø

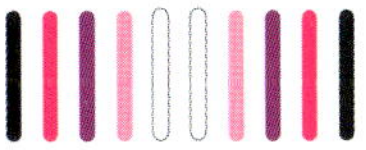

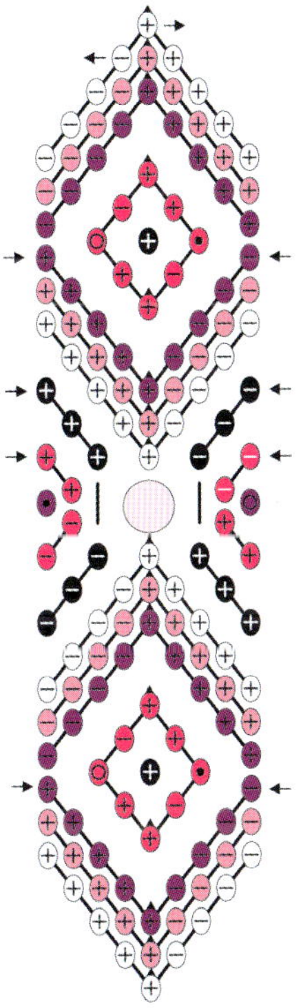

1 Comenzar con una punta de flecha dirigida hacia arriba (ver Técnicas en páginas 4 y 5), de color blanco, lila claro y lila medio. Para el rombo central de color fucsia, anudar un nudo-DD con los dos hilos del medio, trabajar desplazados debajo hacia la derecha un nudo-DD y un nudo-DI, y anudar hacia la izquierda un nudo-II y desplazado debajo un nudo-ID. Después, con los dos hilos negros del medio, anudar un nudo-DD. Trabajar el rombo de color fucsia desde la derecha hacia el centro con un nudo-II y desde la izquierda hacia el centro con un nudo-DD, y después, cerrar con un nudo-DD desplazado debajo.

2 Añadir de fuera hacia el centro una fila de color lila, otra fila de color lila claro y otra fila blanca. Ensartar 1 cuenta con los dos hilos del medio. Anudar a la izquierda tres nudos-DD negros, desplazados debajo dos nudos-DD fucsias y un nudo-DI lila, dos nudos-II fucsias y tres nudos-II negros. A continuación, trabajar a la derecha tres nudos-II negros, desplazados dos nudos II fucsias y un nudo-ID lila, dos nudos-DD fucsias y tres nudos-DD negros. Tensar los hilos negros unos 5 mm a la altura de la cuenta al cambiar de nudos-DD a nudos-II o de nudos-II a nudos-DD. Continuar la pulsera con este diseño y rematar ambos extremos con un cordón redondo (ver Técnicas en páginas 4 y 5).

Variante cromática

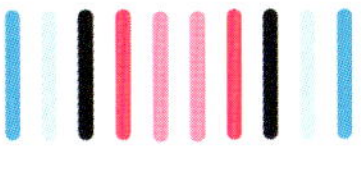

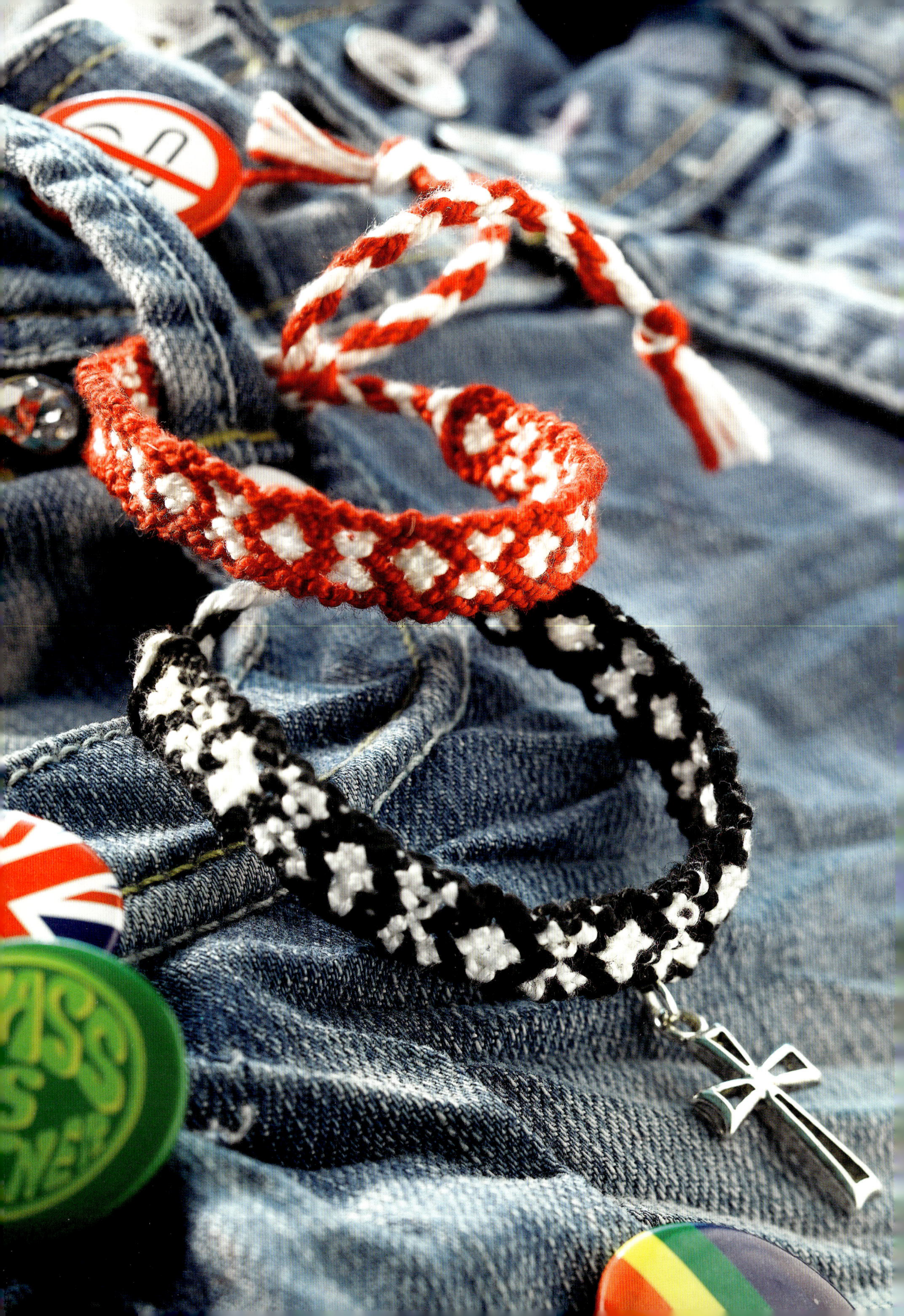

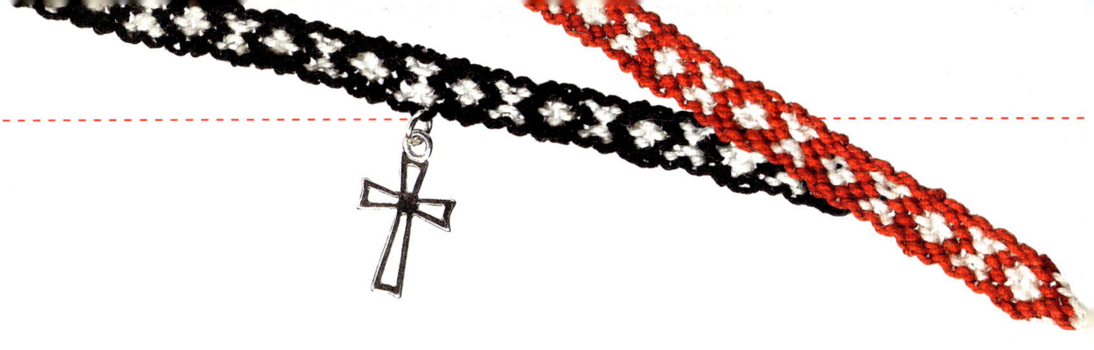

Pulseras finas

Rápidas de anudar

A continuación se describe como ejemplo la pulsera de color rojo-blanco. La variante de color negro-blanco se anuda del mismo modo.

1 Con los dos hilos rojos centrales, hacer un nudo-DD y después ir trabajando con estos dos hilos a modo de hilos anudadores, en diagonal hacia la derecha, y en diagonal hacia la izquierda, respectivamente, dos nudos-DD o dos nudos-II. El rombo blanco se forma al anudar un nudo-ID en el borde derecho y un nudo-DI en el borde izquierdo. Seguidamente, con los dos hilos blancos del medio, hacer un nudo-DD y, desplazado debajo hacia la derecha, un nudo-DI y, hacia la izquierda, un nudo-ID. Trabajar de nuevo desplazado debajo un nudo-DD en el centro.

2 Dejar colgando el hilo rojo exterior izquierdo o derecho y trabajar cada vez, desde ambos lados en diagonal hacia el centro, dos nudos-DD o nudos-II de color rojo. A continuación, con el hilo rojo exterior izquierdo, hacer un nudo-DI, desplazado debajo un nudo-DD blanco, desplazado un nudo-DI blanco y después, desde la izquierda, anudar igualmente un nudo-ID, un nudo-II blanco, un nudo-ID blanco y, con los dos hilos rojos del medio, de nuevo un nudo-DD. Seguidamente, anudar en el borde izquierdo un nudo-DI rojo, desplazado debajo un nudo-II blanco y de nuevo desplazado otro nudo-DI rojo. Trabajar el lado derecho de la pulsera en sentido contrario o tal como se reproduce en el gráfico.

3 Seguir anudando el diseño hasta alcanzar la longitud deseada y rematar la pulsera con un cordón redondo en cada extremo (ver Técnicas en páginas 4 y 5). Colgar la cruz metálica con una anilla en un nudo del centro de la pulsera.

Consejo

Colgante favorito: en vez de una cruz, también puedes colgar en la pulsera uno o varios de tus colgantes favoritos con una pequeña anilla.

MATERIALES

* Hilo de perlé de colores rojo y blanco; o de colores negro y blanco
* Colgante: cruz metálica, de 2,2 cm de largo
* Anilla plateada, de 3 mm Ø

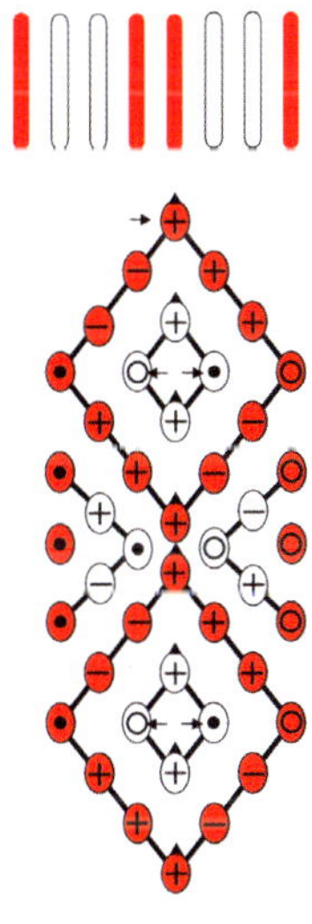

Variante cromática

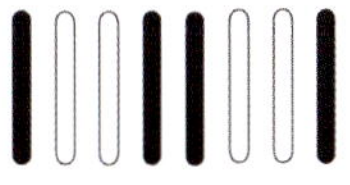

Pulseras con rombos en tonos naturales

Dos cálidos diseños

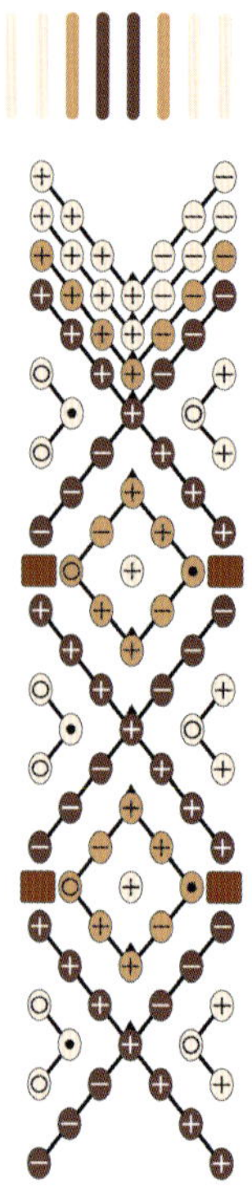

MATERIALES
* Hilo de perlé de colores beige, marrón claro y marrón oscuro; o de colores amarillo claro, naranja y negro
* 18 cuentas de rocalla de color marrón claro o naranja, de 2 mm Ø

A continuación, se describe como ejemplo la pulsera de color beige-marrón. La otra variante cromática se anuda del mismo modo.

1 Comenzar con una punta de flecha dirigida hacia abajo (ver Técnicas en páginas 4 y 5), anudando desde cada lado hacia el centro cuatro filas. Después de cada fila, unir los dos hilos anudadores centrales con un nudo-DD. Para la esquina beige de la derecha, anudar un nudo-DD, trabajar desplazado debajo un nudo-ID y de nuevo desplazado otro nudo-DD. Para la esquina blanca de la izquierda, anudar un nudo-ID, trabajar desplazado un nudo-DI y de nuevo desplazado otro nudo-ID.

2 A continuación, anudar con los dos hilos de color marrón oscuro, desde el centro hacia fuera, tres nudos-II hacia la izquierda y tres nudos-DD hacia la derecha. Enfilar cada vez los dos hilos exteriores a través de 1 cuenta de rocalla y realizar el rombo del medio del modo siguiente: trabajar con los dos hilos centrales un nudo-DD, desplazado debajo hacia la derecha un nudo-DD y un nudo-DI; trabajar hacia la izquierda un nudo-II y otro nudo-ID. Después, anudar con los dos hilos claros del medio un nudo-DD. Seguidamente, trabajar el rombo de color marrón claro con un nudo-DD y un nudo-II, y anudar desplazado debajo un nudo-DD.

3 Cerrar el rombo de color marrón oscuro con dos filas marrones en diagonal hacia el centro. Continuar el diseño hasta alcanzar la longitud deseada de la pulsera.

Variante cromática

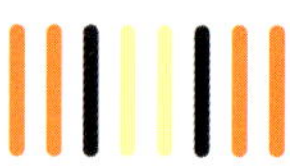

Consejo

Si se continúa anudando con dos o cuatro hilos, aumenta el tamaño del rombo en el centro en dos o cuatro filas.

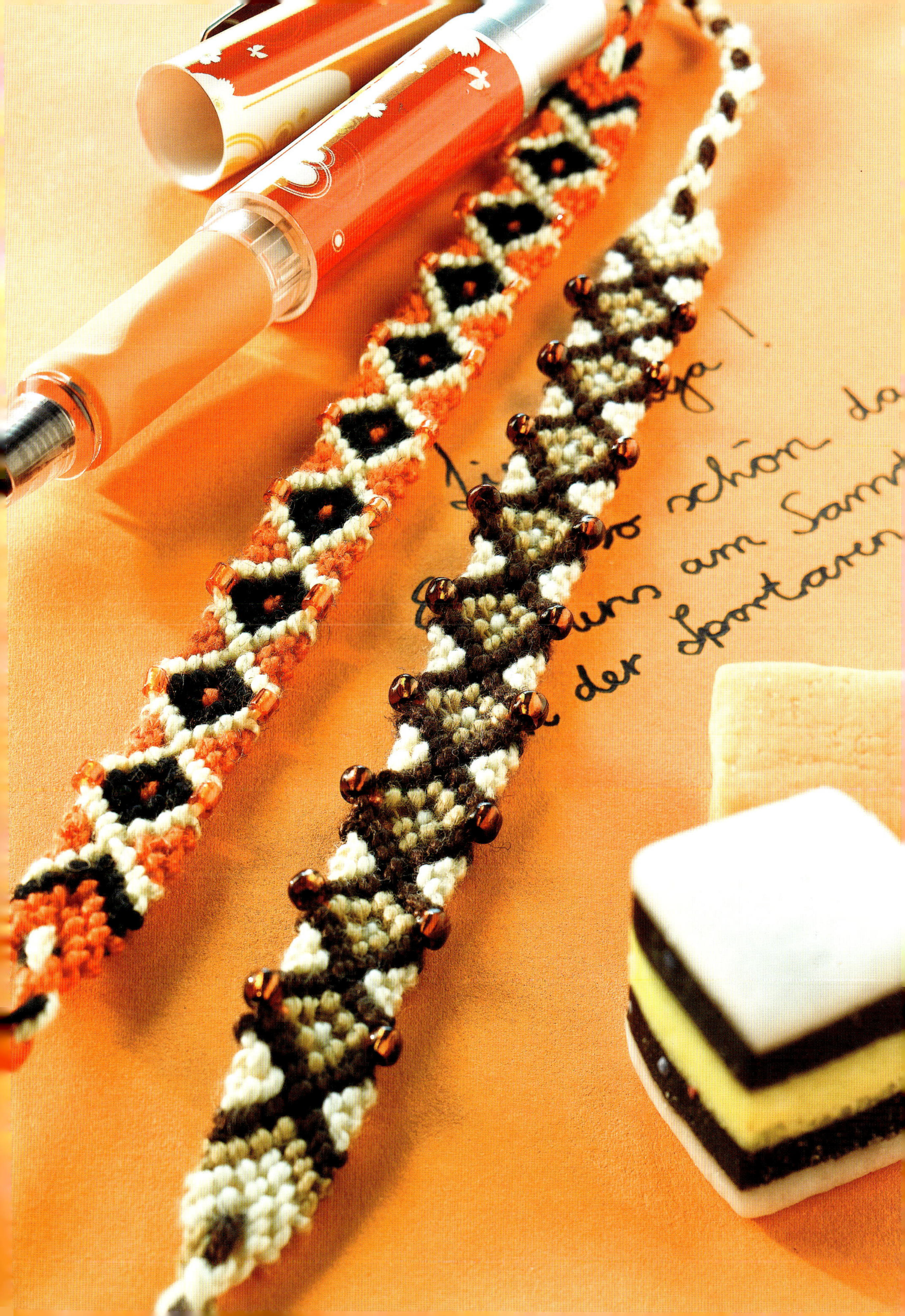

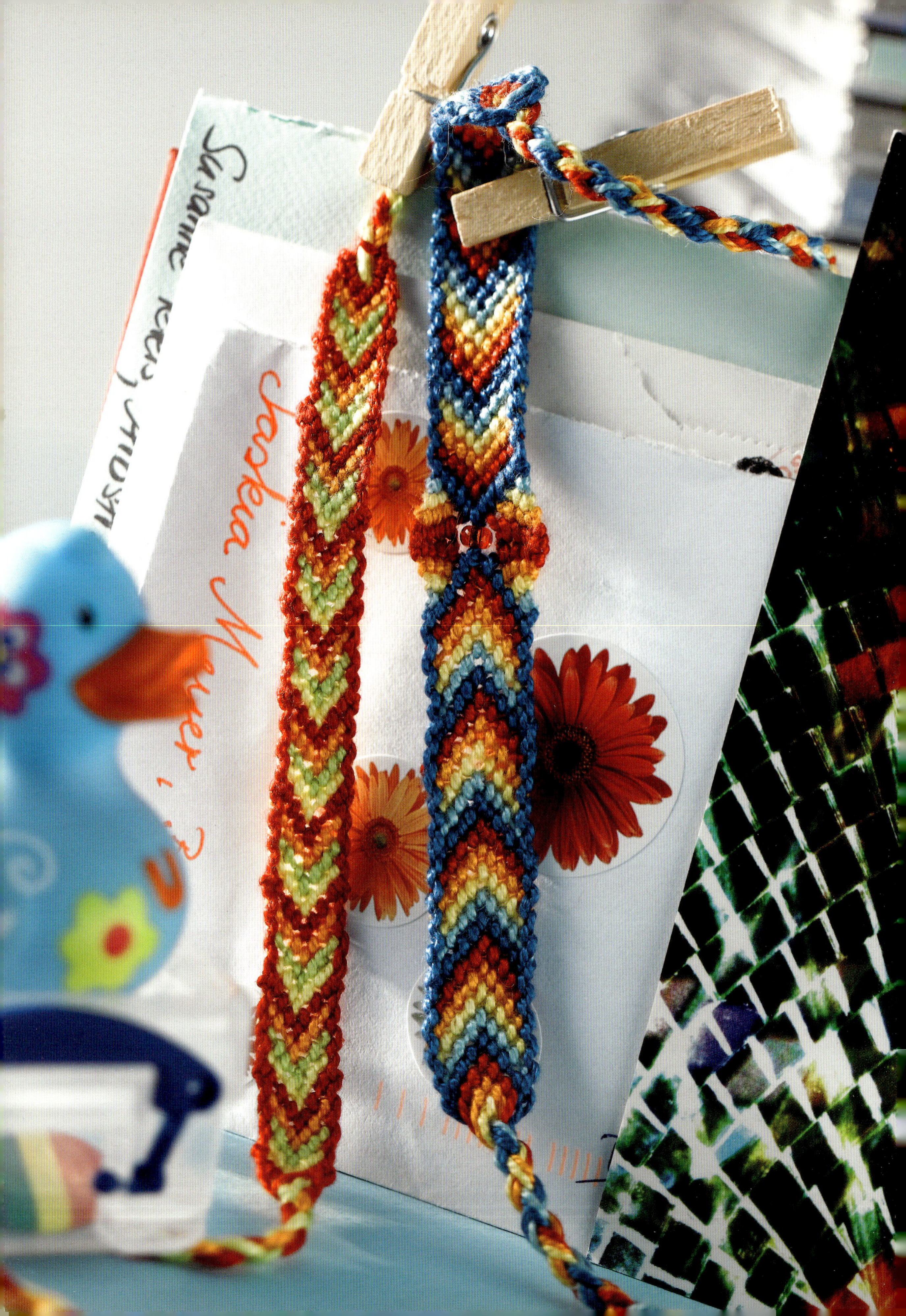

Modernas pulseras con puntas de flecha

Con los colores del arco iris

MATERIALES

PULSERA CON BORDE ROJO

* Hilo de perlé de colores rojo, verde, naranja y amarillo

PULSERA CON BORDE AZUL

* Hilo de perlé de colores rojo, naranja, amarillo, azul claro y azul oscuro
* Cuenta de plástico de color rojo, de 4 mm Ø

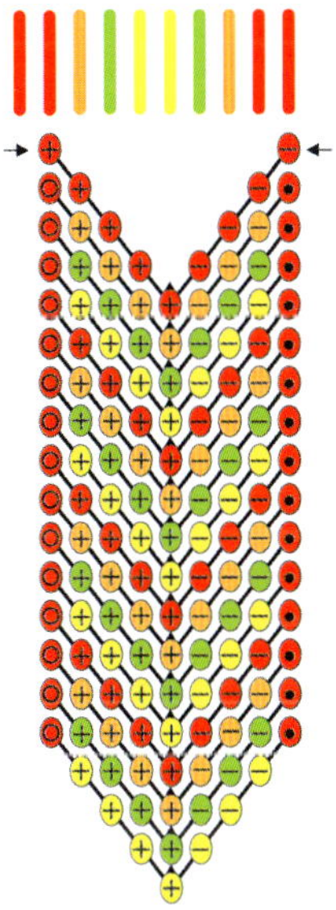

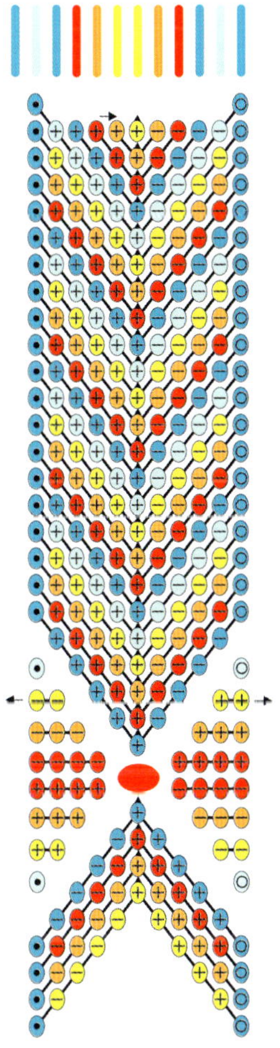

Pulsera con borde rojo

Para esta pulsera se trabaja, de fuera hacia dentro, un diseño de puntas de flecha dirigidas hacia abajo (ver Técnicas en páginas 4 y 5), anudando nudos-DD o nudos-II. Los bordes rojos se forman con nudos-ID en el lado izquierdo y nudos-DI en el lado derecho. La pulsera se remata con un cordón redondo en cada extremo (ver Técnicas en páginas 4 y 5).

Pulsera con borde azul

1 En primer lugar, con los dos hilos amarillos del medio, hacer un nudo-DD, trabajar al lado hacia la derecha o hacia la izquierda un nudo-II o un nudo-DD, y anudar en el centro por debajo del nudo amarillo un nudo-DD de color naranja. Continuar trabajando de este modo hasta la flecha azul (inicio del dibujo). A partir de aquí seguir trabajando el diseño de flecha hacia abajo (ver Técnicas en páginas 4 y 5), desde fuera hacia dentro. A partir de la flecha de color azul claro, anudar en el borde cada vez un nudo-DI o un nudo-ID como remate azul oscuro en los bordes. A continuación, trabajar otras diecinueve filas.

2 Anudar el diseño central siguiendo el gráfico, enfilando los dos hilos centrales a través de 1 cuenta. Anudar después el dibujo de punta de flecha en sentido contrario (la punta de la flecha hacia abajo). Rematar la pulsera por arriba y por abajo con un cordón redondo (ver Técnicas en páginas 4 y 5) trenzado con cuatro cordones compuestos por tres hilos cada uno.

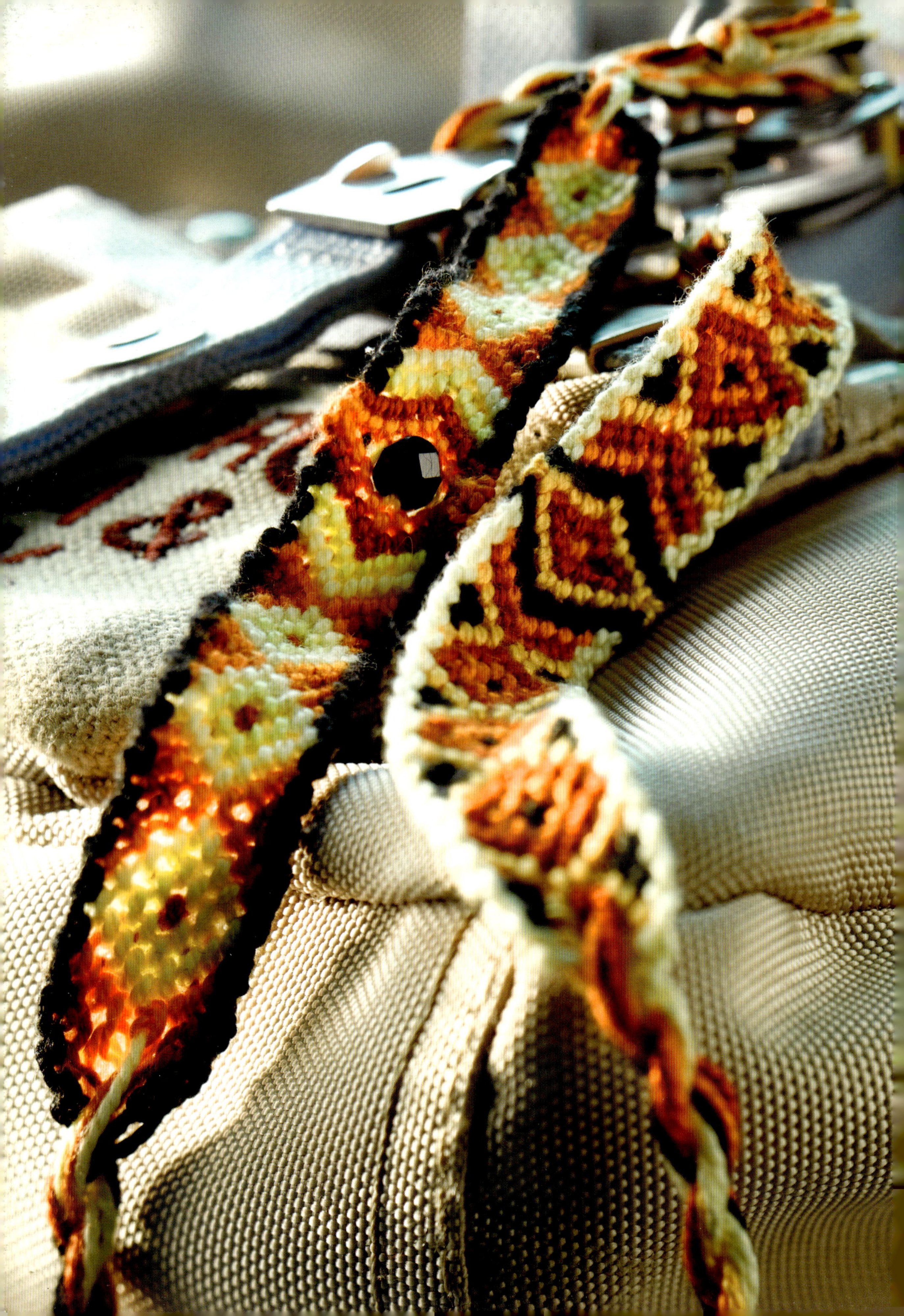

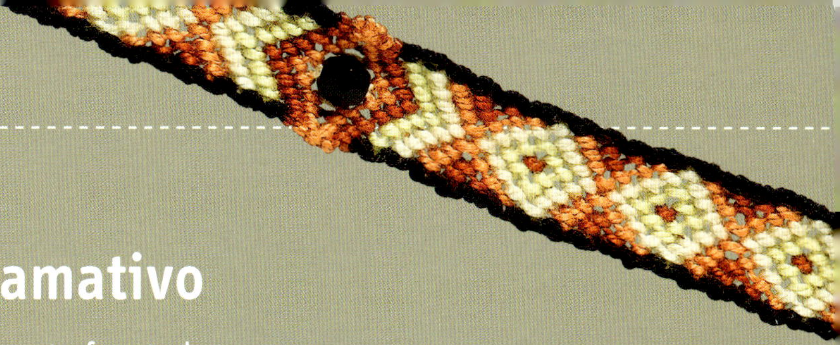

Un ancho llamativo

Decorada con una cuenta facetada

MATERIALES
PULSERA CON BORDE NEGRO
* Hilo de perlé de colores amarillo claro, amarillo medio, naranja, marrón claro y negro
* Cuenta de cristal facetado de color negro, de 6 mm Ø

PULSERA CON BORDE AMARILLO CLARO
* Hilo de perlé de colores amarillo claro, naranja, ocre, marrón rojizo y negro

Pulsera con borde negro

1 Con los hilos de color negro y marrón claro, hacer un nudo-DD o un nudo-II hacia la derecha o hacia la izquierda y, en el borde, trabajar cada vez un nudo-DI o un nudo-ID negro siguiendo el gráfico. Comenzar el rombo, desde el centro hacia fuera, con cuatro nudos-DD hacia la derecha y cuatro nudos-II hacia la izquierda, de color naranja. No unir en el centro los nudos de color naranja. A continuación, trabajar con los dos hilos centrales de color amarillo claro un nudo-DD y anudar por cada lado en diagonal hacia fuera tres nudos-DD o nudos-II, a la derecha un nudo-DI y a la izquierda un nudo-ID.

2 Seguidamente, trabajar en el borde de cada lado un ribete negro con nudos-DI o nudos-ID. Comenzar el rombo amarillo de nuevo en el centro con un nudo-DD, y anudar cada vez un nudo en diagonal hacia fuera y un nudo-DI o un nudo-ID. Con los dos hilos centrales de color marrón claro, trabajar un nudo-DD. A continuación, cerrar el rombo amarillo con un nudo-DD o un nudo-II, y con un nudo-DD en el centro. Cerrar igualmente el rombo amarillo claro con tres nudos-DD o nudos-II, cada vez en diagonal hacia el centro, y rematar en el medio con un nudo-DD conjunto.

3 Trabajar de derecha a izquierda cuatro nudos-II o de izquierda a derecha cuatro nudos-DD, de color naranja. Anudar el triángulo marrón claro junto con el borde negro siguiendo el gráfico. Para terminar la pulsera, trabajar un cordón retorcido en cada extremo (ver Técnicas en páginas 4 y 5).

Pulsera con borde amarillo claro

Esta pulsera se trabaja como la otra, pero en el centro, en vez de ensartar 1 cuenta, se anuda un rombo con hilos de color marrón rojizo; en el centro del rombo se trabaja un nudo-DD de color naranja.

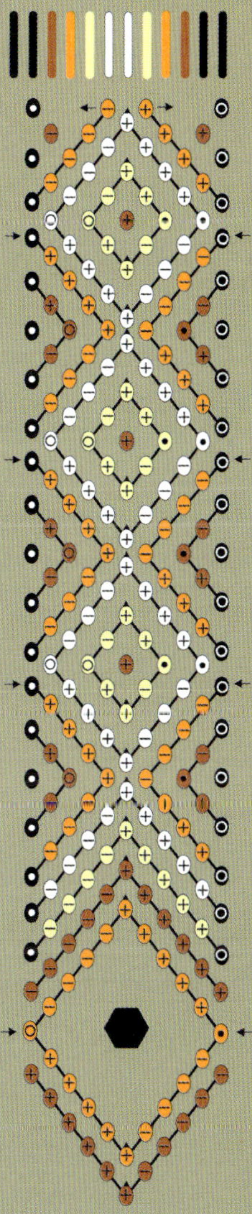

Variante cromática

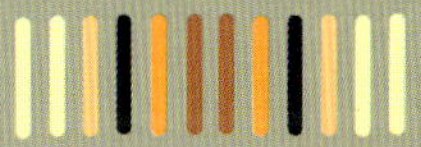

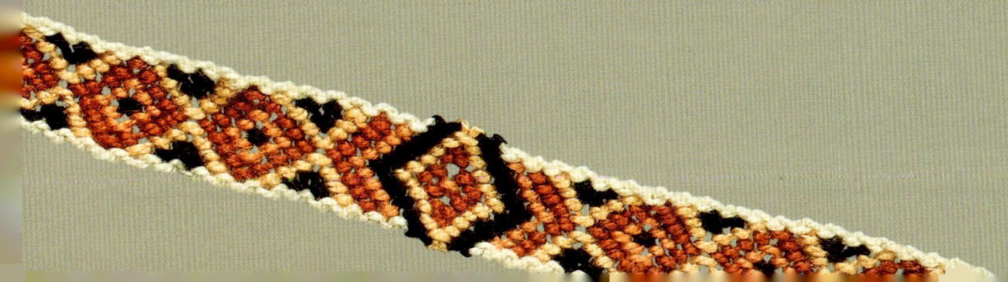

Variantes cromáticas

La última moda

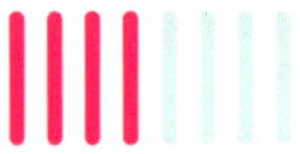

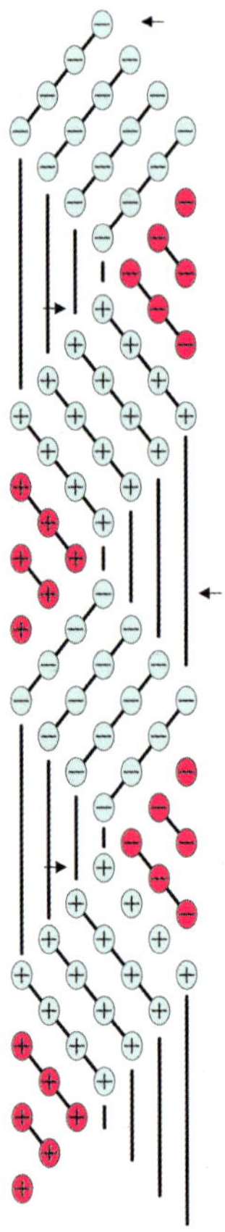

MATERIALES

PULSERA AZUL CLARO-FUCSIA O FUCSIA-NARANJA-AZUL CLARO

* Hilo de perlé de colores fucsia y azul claro; o de colores fucsia, naranja y azul claro

PULSERA FUCSIA-NARANJA-BLANCO-AZUL OSCURO

* Hilo de perlé de colores fucsia, naranja, blanco y azul oscuro

A continuación se explica como ejemplo la pulsera de color azul claro-fucsia. La variante de color fucsia-naranja-azul claro se anuda de la misma forma, pero los cuadrados se trabajan con dos colores (ver gráfico).

Pulsera azul claro-fucsia

1 Comenzar anudando un nudo-DD con dos hilos de color fucsia. A continuación, anudar desplazados hacia la izquierda dos nudos y después otros tres nudos. Trabajar ahora cuatro filas de nudos-DD de color azul y dejar en cada fila colgando el hilo anudador. Después, otra vez nudos-DD de color fucsia.

2 Anudar el segundo cuadrado azul con nudos-II y, al lado a la derecha, trabajar las esquinas de color fucsia del mismo modo con nudos-II. Continuar el diseño hasta alcanzar la longitud deseada. Por último, rematar cada extremo de la pulsera con un cordón redondo trenzado con cuatro cordones compuestos por dos hilos cada uno.

Consejo

Debido a su diseño, estas pulseras quedan más bonitas con la parte del reverso hacia arriba. ¡Compruébalo!

Pulsera fucsia-naranja-azul claro

Esta pulsera se trabaja del mismo modo que la pulsera de color azul claro-fucsia, pero en esta variante el hilo azul se anuda primero entre los nudos-II blancos. En los nudos-DD se estira el hilo azul por encima de los nudos blancos y sólo se anuda este hilo en los nudos-II. Trenzar los cordones redondos que rematan la pulsera con tres cordones de dos hilos cada uno, y un cordón de tres hilos. Esta pulsera queda más bonita con la parte del reverso hacia arriba, pues por el otro lado se ve el hilo azul estirado.

Variante cromática

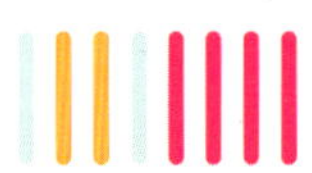

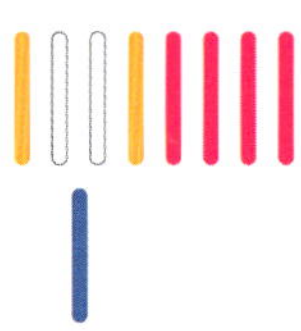

Insertar después el hilo azul entre los dos hilos blancos.

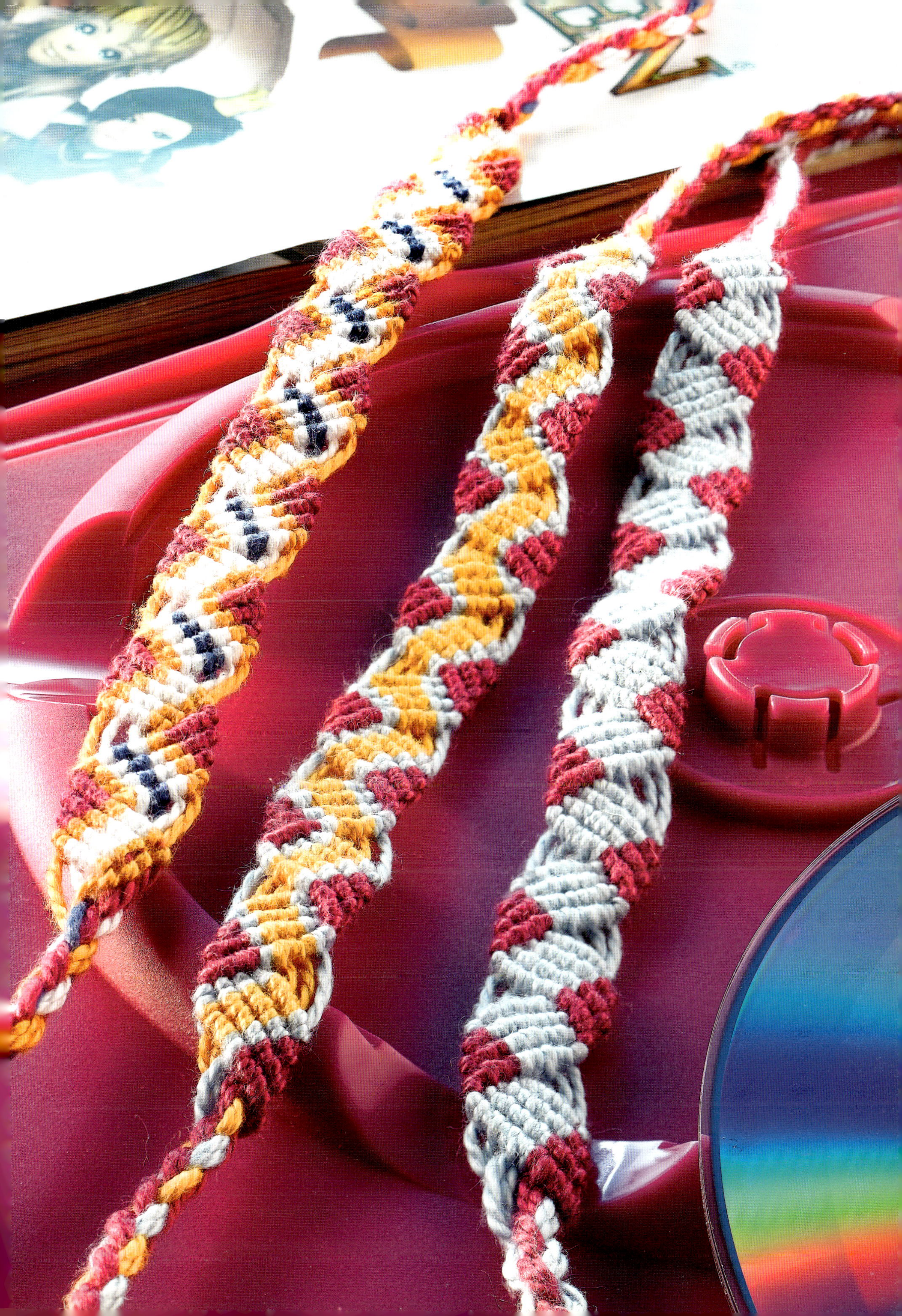

OTROS TÍTULOS PUBLICADOS

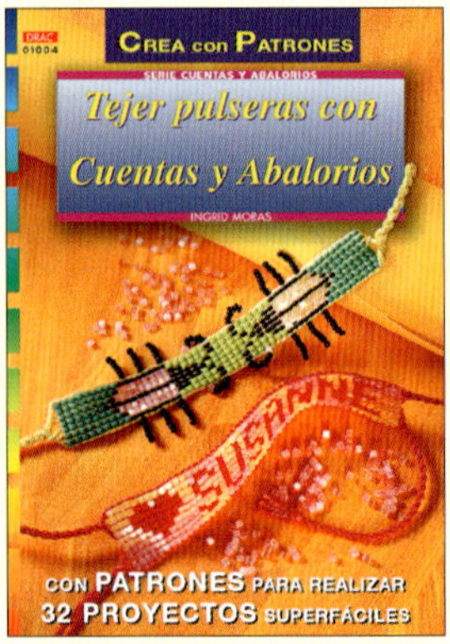

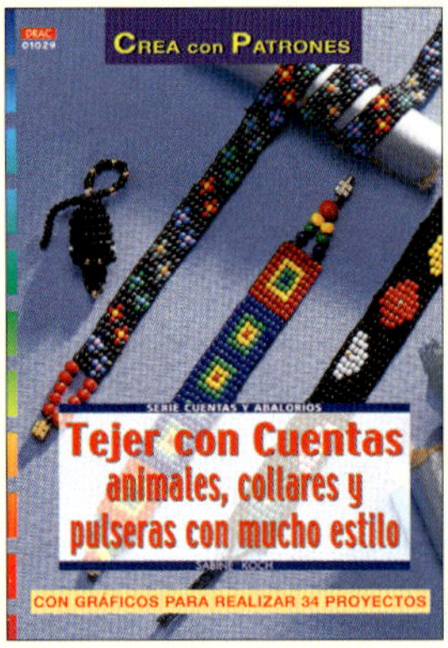

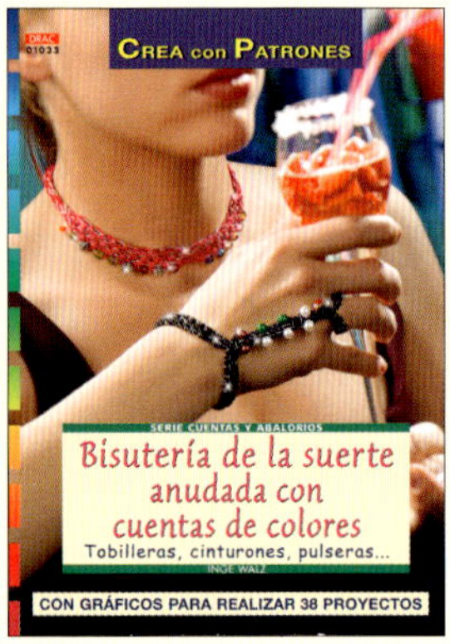

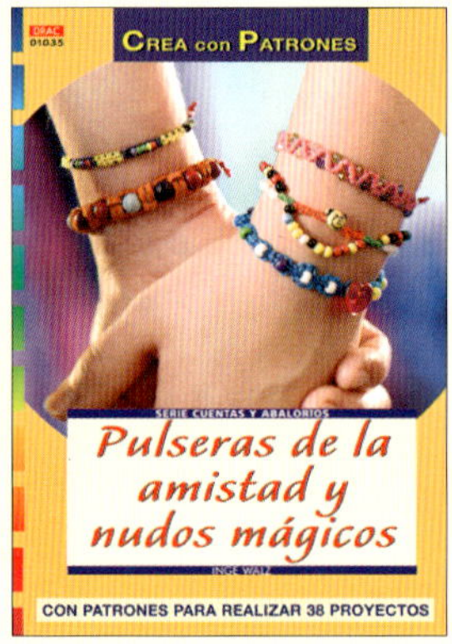

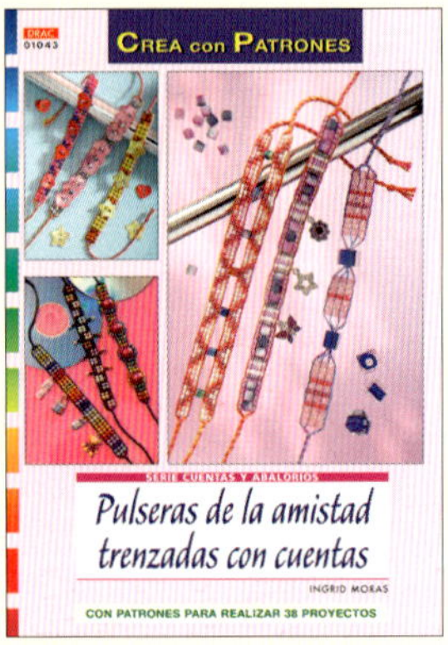

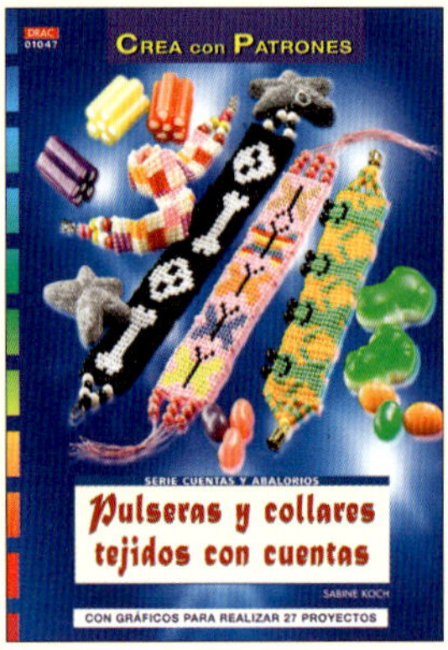

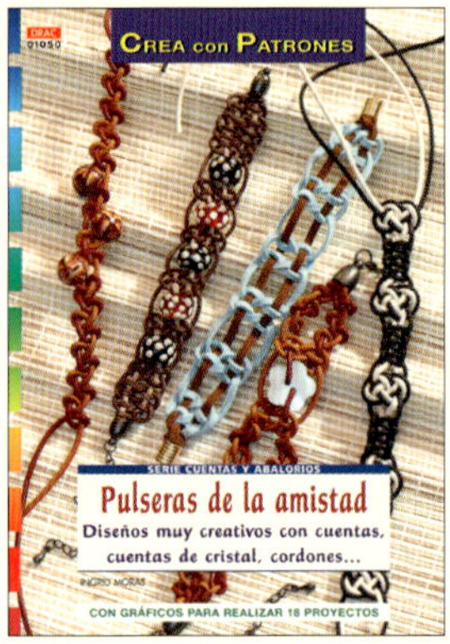

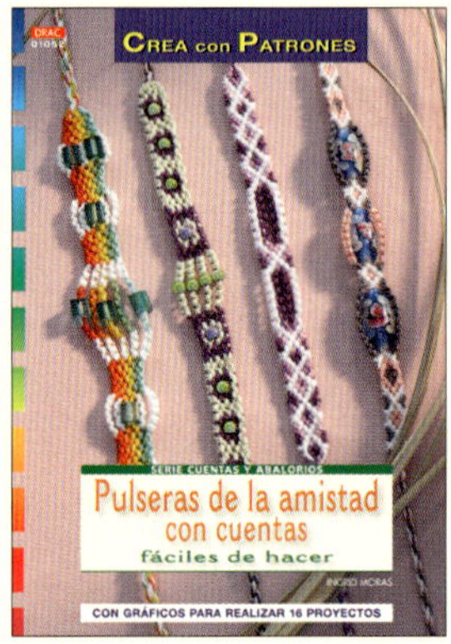

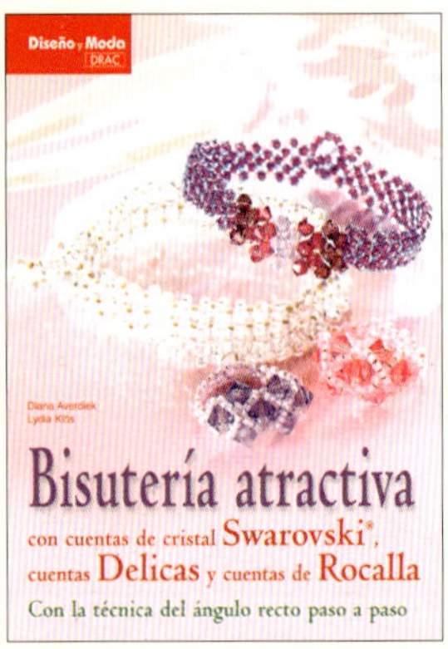

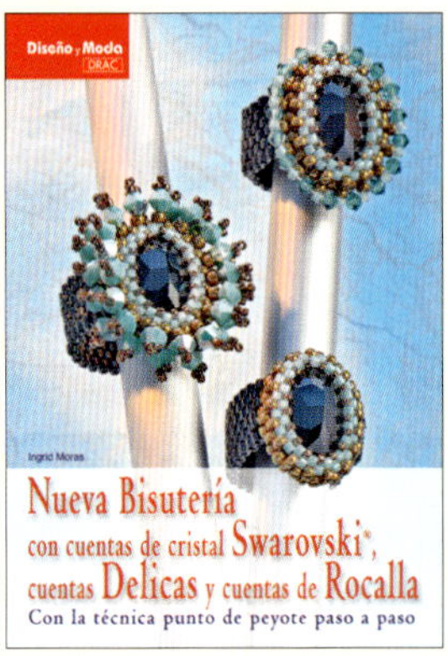

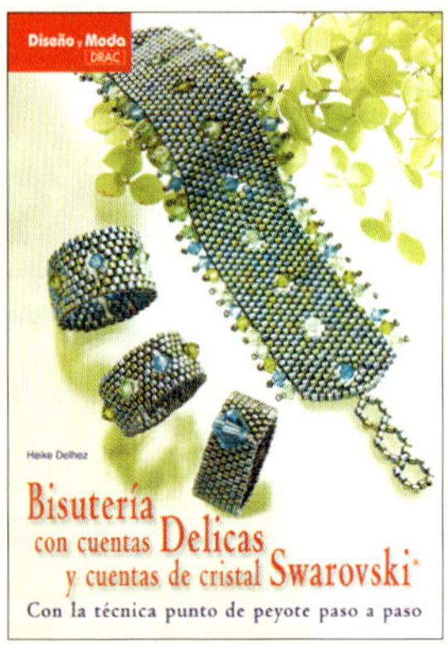

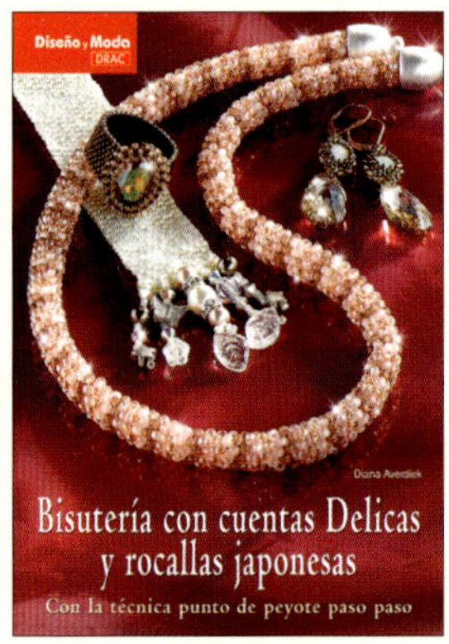